E-COMMERCE “十三五”高职高专跨境电商专业系列规划教材

跨境电商物流

◎ 项　捷　柯梦南　主编
◎ 卫　玮　张春玉　沈旦豪　副主编

Cross-border
E-commerce Logistics

電子工業出版社
Publishing House of Electronics Industry
北京 · BEIJING

图书在版编目（CIP）数据

跨境电商物流 / 项捷，柯梦南主编. —北京：电子工业出版社，2019.10

ISBN 978-7-121-37302-2

Ⅰ. ①跨… Ⅱ. ①项… ②柯… Ⅲ. ①电子商务－物流管理－高等学校－教材 Ⅳ. ①F713.365.1

中国版本图书馆 CIP 数据核字(2019)第 182788 号

策划编辑：刘淑丽
责任编辑：刘淑丽　　文字编辑：孙润月
印　　刷：北京捷迅佳彩印刷有限公司
装　　订：北京捷迅佳彩印刷有限公司
出版发行：电子工业出版社
　　　　　北京市海淀区万寿路 173 信箱　　邮编 100036
开　　本：787×1092　1/16　印张：10.5　字数：236 千字
版　　次：2019 年 10 月第 1 版
印　　次：2025 年 8 月第 5 次印刷
定　　价：39.00 元

凡所购买电子工业出版社图书有缺损问题，请向购买书店调换。若书店售缺，请与本社发行部联系，联系及邮购电话：（010）88254888，88258888。

质量投诉请发邮件至 zlts@phei.com.cn，盗版侵权举报请发邮件至 dbqq@phei. com.cn。

本书咨询联系方式：（010）88254199，sjb@phei.com.cn。

“十三五”高职高专跨境电商专业系列规划教材
建设委员会

前言

互联网时空的“零距离”要求加快跨境贸易的运输速度，现代消费者奉行个性化消费的理念又加大了跨境贸易的运输任务，网络时代要求跨境贸易运输发生变革。近年来，尽管中国进出口贸易增速放缓，但是跨境电商逆势成长，增速大幅高于传统进出口贸易。跨境电商企业需要物流企业在集货、仓储、运输、通关、配送等诸多方面的合作，物流在很大程度上决定了跨境电子商务的运作效率。在跨境电子商务迅猛发展的今天，物流是制约跨境电商发展的主要瓶颈，提高物流效率和服务能力成为跨境电商企业提升核心竞争力的关键内容之一。能够支持跨境电子商务活动的物流发展还存在诸多问题，跨境电子商务环境下的物流活动也亟待探索。基于上述思考，本教材应运而生。

本教材贯彻“以服务为宗旨，以就业为导向”的职业教育方针，建立了在“项目背景”介绍下，以行动体系为框架，用“任务实施”进行驱动，以“知识铺垫”为面，典型案例为点，深入进行“案例解析”的体系结构。教材设计内容为跨境电商 B2B、B2C 模式下的主要物流方式和操作，依据岗位对技能和知识的需求，重构教材的知识结构和能力结构体系，让学生体验跨境电商物流工作的完整程序、内容和方法，有助于提高学生的抽象思维能力和解决具体问题的能力。教材汇编了来自教学、科研和企业、行业的最新典型案例，配备了习题演练以辅助课程学习；使用了跨境电商实操平台上物流设置的截图，将企业真实的工作场景带入教材中，加强学生实践技能的训练。本教材的编写得到了浙江英卡顿网络科技有限公司、海宁锦天纺织品有限公司等企业的大力支持，在此深表感谢！

紧紧围绕着学生关键能力的培养组织教材的内容，本书强调实践操作的实用性，促进“教、学、做”一体化，设计三大情景，即情景一、情景二和情景三。本书由嘉兴职业技术学院、威海职业学院、浙江东方职业技术学院、河南经贸职业学院等高校的副教授、讲师、助教和一些跨境电商物流企业的资深物流业务员联合编写，由项捷、柯梦南担任主编，负责全书统稿。参加编写与资料收集工作的有卫玮、张春玉、沈旦豪、邵光等。本书的编写过程还得到了电子工业出版社的大力支持，谨表感谢！

作为“十三五”高职高专跨境电商专业系列规划教材之一，《跨境电商物流》力求模式新颖、内容全面，具有可读性和可操作性，突出对高职学生技能的培养。由于编写时间紧张、任务繁重，且编者能力所限，疏漏之处在所难免，真诚欢迎各界人士批评指正，以便再版时予以补充修正，使其日臻完善。

目录

情景一

跨境 B2B 货物运输方式

子情景一　跨境 B2B 国际海洋运输

学习目标

知识目标

- 了解国际海洋运输的特点
- 熟悉国际海洋运输所涉及的基本当事人
- 了解国际海洋运输的主要航线

能力目标

- 掌握国际海洋运输班轮托运的基本业务流程、有关单证的制作及其流转
- 掌握班轮运费的计算方法和租船运输运费的计算方法

素质目标

- 及时了解与国际海洋运输相关的国际公约、法律法规和操作惯例
- 初步具备组织国际海洋运输的业务能力素质

项目背景

进出口商品能否安全到达目的地，是每个跨境电商极为关注的问题。按时、按质、按量将货物装运出口，安全、迅速、准确、节省、方便地利用各种运输工具，选择适当的运输方式和路线，实现货物由卖方向买方的国际转移，是买卖双方共同的目标。浙江英卡顿网络科技有限公司的新员工 Allen 深知，在国际货物运输中，高额的运输费用已经成为影响进出口货物价格和贸易效益核算的重要因素，国际货物运输物流是一笔跨境交易能否顺利完成的关键所在。

任务实施

步骤 1：认识国际海洋运输的特点及其所涉及的基本当事人

步骤 2：熟悉国际海洋运输班轮托运的基本业务流程、有关单证的制作及其流转

步骤 3：掌握班轮运费的计算方法和租船运输运费的计算方法

知识铺垫

国际海洋运输是指使用船舶通过海上航道在不同的国家和地区的港口之间运送货物的一种水路运输方式，也是国际货物运输中运用最广泛的一种运输方式。目前，海运量在国际货物运输总量中占 80%以上。

一、国际海洋运输的特点

国际海洋运输之所以被广泛采用，是因为它与其他国际货物运输方式相比，有以下三个方面的优势。

1．通过能力大

国际海洋运输可以利用四通八达的天然航道，不像火车、汽车那样受到轨道和道路的限制，其通过能力很大。如果有政治、经济、军事等条件的变化，还可随时改变航线驶往便于装卸的目的港。

2．运量大

由于船舶向大型化发展，船舶的载运能力远远强于火车、汽车和飞机，是运输能力最强的运输工具。一艘万吨船舶的载重量一般相当于 250～300 个车皮的载重量。

3．运费低

因为海运量大，航程远，分摊于每货运吨的运输成本就少，所以货物的单位运输成本相对低廉，比较容易形成规模经济。

国际海洋运输具有上述优点的同时，也存在不足之处。例如，由于船舶在海上航行受自然气候和季节性影响较大，海洋环境复杂，气象多变，随时都有遇上狂风、巨浪、暴风、雷电、海啸等人力难以抗衡的海洋自然灾害袭击的可能，遇险的可能性比陆地、沿海要大；同时，国际海洋运输存在社会风险，如战争、罢工、贸易禁运等因素的影响。此外，国际海洋运输的速度也相对较慢。

二、国际海洋运输所涉及的基本当事人

1．承运人

承运人是指专门经营水路、铁路、公路、航空等客货运输业务的交通运输部门，如轮船公司、铁路或公路运输公司、航空公司等。它们一般都拥有大量的运输工具，为社会提

供运输服务。

按照我国《海商法》第 42 条的规定，在国际海洋运输中船舶经营人作为承运人“是指本人或者委托他人以本人的名义与托运人订立国际海洋运输合同的人；而实际承运人是指接受承运人委托，从事货物运输或部分运输的人，包括接受转委托从事此项运输的其他人。”由此可见，承运人包括船舶所有人或光租和以期租的形式对外承租，并进行船舶经营管理的经营人。

2．货主

货主是指专门经营进出口商品业务的外贸部门或进出口商。它们为履行贸易合同，必须组织办理进出口商品的运输，是国际海洋运输过程中的托运人或收货人。

3．装卸人

经营办理将货物装船和从船上卸下的行业的人被称为装卸人或装卸业者。装卸人对于所在港口经常装卸的货物的包装、性质及装卸方法都富有经验，对各种类型的船舶也深有了解，能参与制订装卸计划，委托人对他们的装卸技术也比较信任。

4．理货人

理货人是在船舶装货或卸货时，对货物的件数进行清点，并对货物的交接做出证明的行业。理货通常是由船公司或货主各自委托他们的代理人共同进行的。

5．运输代理

运输代理是指根据客户的指示，为客户的利益而揽取货物的人，其本人并非实际承运人。而国际货运代理业务，是指国际货运代理企业接受进出货物收货人、发货人或其代理人的委托，以委托人或自己的名义办理有关业务，来收取代理费或佣金的行为。

目前，在国际贸易运输领域，运输代理的种类主要有以下四类。

（1）租船代理。又称租船经纪人，指以船舶为商业活动对象而进行船舶租赁业务的人，主要业务是在市场上为租船人寻找合适的运输船舶或为船东寻找货运对象，以中间人身份使租船人和船东双方达成租赁交易，从中赚取佣金。因此，根据其所代表的委托人身份的不同又分为租船代理人和船东代理人。

（2）船务代理。指接受承运人的委托，代办与船舶有关的一切业务的人，主要业务有船舶进出港、货运、供应及其他服务性工作。船方的委托和代理人的接受以船次为限，称为航次代理；船方和代理人之间如签订有长期代理协议，称为长期船代。

（3）货运代理。指接受货主的委托，代表货主办理有关货物报关、交接、仓储、调拨、检验、包装、转运、订舱等业务的人，主要有订舱揽货代理、集装箱代理、货物装卸代理、转运代理、货物报关代理、理货代理、储存代理等。

（4）咨询代理。指专门从事咨询工作，按委托人的需要，以提供有关国际贸易运输情况的情报、资料、数据和信息服务而收取一定报酬的机构。

三、国际海洋运输航线的分类

国际海洋运输航线，是指船舶根据不同的自然条件以及各种社会、政治、经济和军事等因素，为达到经济利益最大化所选定的营运航路。海上货物运输航线按照不同的分类依据有以下三种分类方式。

1．按船舶营运方式分为定期航线和不定期航线

（1）定期航线，是指使用固定的船舶，按固定的船期和港口航行，并以相对固定的运价经营客货运输业务的航线，以装运件杂货物为主。

（2）不定期航线，是临时根据货运的需要而选择的航线，其中船舶、船期、挂靠港口均不固定，以经营大宗、低价货物运输业务为主。

2．按航程的远近分为远洋航线、近洋航线和沿海航线

（1）远洋航线，指航程距离较远，船舶航行跨越大洋的运输航线，如远东至欧洲和美洲的航线。我国习惯上以亚丁港为界，把去往亚丁港以西，包括红海两岸和欧洲及南北美洲广大地区的航线划为远洋航线。

（2）近洋航线，指本国各港口至邻近国家港口间的海上运输航线的统称。我国习惯上把航线在亚丁港以东地区的亚洲和大洋洲的航线称为近洋航线

（3）沿海航线，指本国沿海各港之间的海上运输航线。如我国上海—广州，青岛—大连等。

3．按航行的范围分为太平洋航线、大西洋航线、印度洋航线和环球航线

（1）太平洋航线包括远东至北美西海岸航线，远东至加勒比、北美东海岸航线，远东至南美西海岸航线，远东至东南亚航线，远东至澳大利亚、新西兰航线，澳、新至北美东西海岸航线等。

（2）大西洋航线包括西北欧至北美东海岸航线，西北欧、北美东海岸至加勒比航线，西北欧、北美东海岸至地中海经苏伊士运河到亚太航线（它是世界最繁忙的航线），西北欧、地中海至南美东海岸航线，西北欧、北美东海经好望角到远东航线（它是巨型油轮的油航线），南美东海经好望角到远东航线。

（3）印度洋航线包括波斯湾经好望角到西欧及北美航线、波斯湾经东南亚到日本航线，波斯湾经苏伊士运河和地中海到西欧及北美运输线，远东经东南亚到东非航线，远东经东南亚及地中海到西北欧航线等。

（4）环球航线是由大西洋航线、太平洋航线和印度洋航线通过苏伊士（或好望角）、巴拿马运河（或麦哲伦海峡、合恩角）和马六甲海峡（或巽他海峡）连接起来形成的。

四、国际海洋运输的方式

目前，在国际贸易运输中，海洋运输方式有班轮运输和租船运输两种。

1．班轮运输

（1）班轮运输的定义。班轮运输，又称期船运输，是指船舶按固定的航线、港口及事先公布的船期表航行，并按事先公布的费率收取运费来从事客货运输业务。利用班轮装运货物，在装卸时间、数量及卸货地点等方面都十分灵活，对于成交数量小、批次较多、交货港口分散的货物运输比较适宜。

（2）班轮运输的特点。班轮运输主要有以下四个方面的特点。

① 船舶按照固定的船期表，沿着固定的航线和港口来往运输，并按相对固定的运费率收取运费，因此它具有“四固定”的基本特点。

② 由船方负责配载装卸，装卸费包括在运费中，货方不再另外支付装卸费，船货双方也不计算滞期费和速遣费。

③ 船货双方的权利、义务与责任豁免，以船方签发的提单条款为依据。

④ 班轮承运货物的品种、数量比较灵活，货运质量较有保证，且一般在码头仓库交接货物，故为货主提供了较便利的条件。

班轮运输在国际贸易运输中起着重要的作用，但由于国际班轮运输行业竞争激烈，为了消除内部竞争及共同对抗外部竞争，国际上成立了班轮公会组织。班轮公会，又称航运公会，是由两家以上在同一航线上经营班轮运输的轮船公司，为维护共同利益，避免相互间的竞争，建立统一的运价和统一的办法制度所组成的国际航运垄断组织，它是国际航运竞争激化的产物。参加班轮公会的会员可分为两种：一种是参加公会控制全部航线的全会员；另一种是只参加部分航线的副会员。班轮公会为维持其垄断，对非公会船公司进行排挤，如使用战斗船，降低运价以揽货，迫使非会员船公司退出航线；对货主则采取延期回扣和双重费率制度。凡与公会签订合同的货主，可享受优惠费率；如下一期仍使用公会船载货，又可获得延期回扣。因此，公会采取这些手段，是为了通过控制货载以获取高额利润。

班轮船舶应具有良好的技术质量，配备合格的船长、船员及船舶航运所需的供给品，且各班轮公司有着严格的管理制度，保证了货物运输的质量；班轮运输的“四个固定”特点，为进出口商订立买卖合同中的交货条款、掌握交接货时间、安排货物的运输提供了必要的依据；班轮船舶承运货物的品种、数量比较灵活，适用于零星成交、批次较多、到港分散的货物的运输；班轮船舶负责办理货物的装卸及中途转运，且定期公布船期表，为货主提供了极大的方便。因而班轮运输深受货主的欢迎，成为国际海洋货物运输中不可缺少的主要运输方式。

（3）班轮运输的流程及单证填制。向班轮公司订舱位（箱位），首先要了解船期情况，然后再洽订舱位。托运订舱流程如图 1-1 所示。

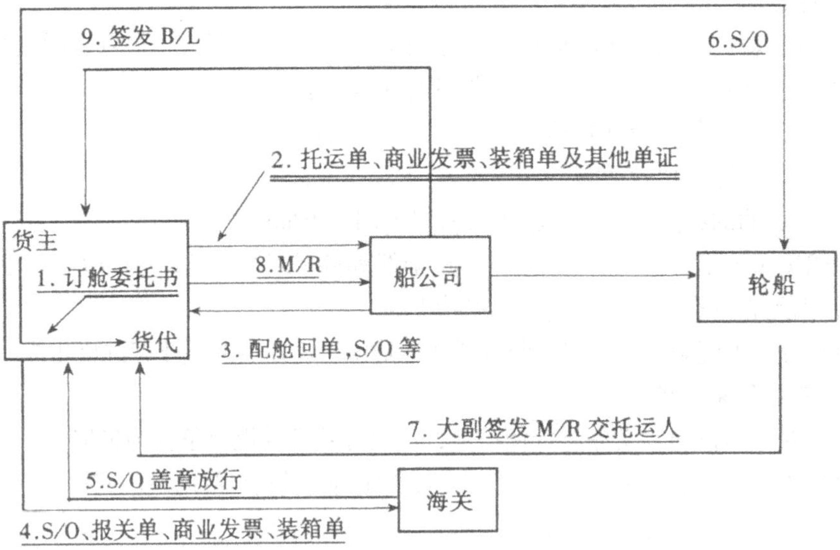

图 1-1　托运订舱流程

货运订舱委托书如表 1-1 所示。

集装箱货物托运单如表 1-2 所示。

订舱流程图（见图 1-1）文字说明：

① 出口企业，即货主在货、证齐备后，填制货运订舱委托书（见表 1-1），随付商业发票、装箱单等其他必要单据，委托货代代为订舱。有时还委托其代理报关及货物储运等事宜。

② 货代接受订舱委托后，缮制集装箱货物托运单（见表 1-2），随同商业发票、装箱单及其他必要的单证一同向船公司办理订舱。

③ 船公司根据具体情况，如接受订舱则在托运单的几联单据上编上与提单号码一致的编号，填上船名、航次，并进行签署，即表示已确认托运人的订舱，同时把配舱回单、装货单（Shipping Order，S/O）等与托运人有关的单据退还托运人。

④ 托运人持船公司签署 S/O，填制出口货物报关单、商业发票、装箱单等连同其他有关的出口单证向海关办理货物出口报关手续。

⑤ 海关根据有关规定对出口货物进行查验，如同意出口，则在 S/O 上盖放行章，并将 S/O 退还托运人。

⑥ 托运人持海关盖章的由船公司签署的 S/O 要求船长装货。

⑦ 装货后，由船上的大副签署大副收据（Mate's Receipt，M/R），交给托运人。

⑧ 托运人持 M/R，向船公司换取正本已装船提单。

⑨ 船公司凭 M/R，签发正本提单并交给托运人凭以结汇。

（注：货主与货运代理建立委托代理关系，即以统一的托运人身份出现，但此托运人概念与运输单据中的托运人项不一样，后者是指出口方，即信用证的受益人。）

表 1-1　货运订舱委托书

<table>
<tr><td colspan="2">经营单位（托运人）</td><td colspan="4"></td><td>编号</td><td colspan="2"></td></tr>
<tr><td rowspan="3">提单项目要求</td><td colspan="8">发 货 人：
Shipper：</td></tr>
<tr><td colspan="8">收 货 人：
Consignee：</td></tr>
<tr><td colspan="8">通　知　人：
Notify Party：</td></tr>
<tr><td colspan="2">洋运费（ ）
Sea freight</td><td colspan="2">预付（　）或（　）到付
Prepaid or Collect</td><td>提　单
份数</td><td></td><td>提单寄送
地　　址</td><td colspan="2"></td></tr>
<tr><td>起运港</td><td></td><td>目的港</td><td></td><td>可否转船</td><td></td><td>可否分批</td><td colspan="2"></td></tr>
<tr><td colspan="2">集 装 箱 预 配 数</td><td colspan="2">20’ ×　　40’ ×</td><td>装运期限</td><td></td><td>有效期限</td><td colspan="2"></td></tr>
<tr><td colspan="2">标记唛码</td><td>包 装
件 数</td><td>中英文货号
Description of goods</td><td>毛　重
（千克）</td><td>尺　码
（立方米）</td><td colspan="3">成 交 条 件
（总　价）</td></tr>
<tr><td colspan="2">P</td><td></td><td></td><td></td><td></td><td colspan="3"></td></tr>
<tr><td colspan="2" rowspan="2">内装箱（CFS）
地址</td><td colspan="2" rowspan="2"></td><td rowspan="2">特种货物
□冷藏货
□危险品</td><td colspan="4">重　件：　每件重量</td></tr>
<tr><td colspan="2">大　　件
（长 × 宽 × 高）</td><td colspan="2"></td></tr>
<tr><td colspan="4"></td><td colspan="5">特种集装箱：（　　　　　　　　）</td></tr>
<tr><td colspan="2">门对门装箱地址</td><td colspan="2"></td><td colspan="2">物资备妥日期</td><td colspan="3"></td></tr>
<tr><td colspan="2" rowspan="2">外币结算账号</td><td colspan="2" rowspan="2"></td><td colspan="5">物资进栈：自送（　）或 配送（　）</td></tr>
<tr><td colspan="3">人民币结算单位账号</td><td colspan="2"></td></tr>
<tr><td colspan="4" rowspan="6"></td><td colspan="2">托运人签章</td><td colspan="3"></td></tr>
<tr><td colspan="2">电　话</td><td colspan="3"></td></tr>
<tr><td colspan="2">传　真</td><td colspan="3"></td></tr>
<tr><td colspan="2">联系人</td><td colspan="3"></td></tr>
<tr><td colspan="2">地　址</td><td colspan="3"></td></tr>
<tr><td colspan="5">制 单 日 期：</td></tr>
</table>

表 1-2 集装箱货物托运单

<table>
<tr><td colspan="5">Shipper（发货人）</td><td colspan="3" rowspan="5">D/R NO（编号）
集装箱货物托运单
货主留底</td></tr>
<tr><td colspan="5">Consignee（受货人）</td></tr>
<tr><td colspan="5">Notify Party（通知人）</td></tr>
<tr><td colspan="5">Pre-carriage by（前程运输） Place of receipt（收货地点）</td></tr>
<tr><td colspan="5">Ocean Vessel(船名) Voy No(航次) Port of Loading（装货港）</td></tr>
<tr><td colspan="8">Port of Discharge（卸货港） Place of Delivery（交货地点） Final Destination（目的地）</td></tr>
<tr><td>Container No（集装箱号）</td><td colspan="2">Seal No（封志号）Marks & Nos.（标记与号码）</td><td>No.of Containers or P'kgs.（箱数或件数）</td><td colspan="2">Kind of Packages; Description of Goods（包装种类与货名）</td><td>Gross Weight（毛重/千克）</td><td>Measurement（尺码/立方米）</td></tr>
<tr><td colspan="4">TOTAL NUMBER OF CONTAINERS OR PACKAGES（IN WORDS） 集装箱数或件数合计（大写）</td><td colspan="4"></td></tr>
<tr><td colspan="3">FREIGHT & CHARGES（运费与附加费）</td><td>Revenue Tons（运费吨）</td><td>Rate（运费率）</td><td>Per（每）</td><td>Prepaid（运费预付）</td><td>Collect（到付）</td></tr>
<tr><td>Ex Rate（兑换率）</td><td colspan="3">Prepaid at（预付地点）</td><td colspan="2">Payable at(到付地点)</td><td colspan="2">Place of Issue（签发地点）</td></tr>
<tr><td></td><td colspan="3">Total Prepaid（预付总额）</td><td colspan="2">No. Of Original B(S)/L（正本提单份数）</td><td colspan="2"></td></tr>
<tr><td colspan="2">Service Type on receiving
□-CY □-CFS □-DOOR</td><td colspan="3">Service Type on Delivery
□-CY □-CFS □-DOOR</td><td colspan="3">Reefer-Temperature Required（冷藏温度） F C</td></tr>
<tr><td rowspan="2">TYPE OF GOODS（种类）</td><td colspan="4">□Ordinary,（普通） □Reefer,（冷藏） □Dangerous,（危险品） □Auto.（裸装车辆）</td><td rowspan="2">危险品</td><td colspan="2" rowspan="2">Class:
Property:
IMDG Code Page:
UN No.</td></tr>
<tr><td colspan="4">□Liquid,（液体） □Live animal,（活动物） □Bulk（散货）</td></tr>
<tr><td>可否转船</td><td colspan="4">可否分批</td><td colspan="3" rowspan="4"></td></tr>
<tr><td>装 期</td><td colspan="4">效 期</td></tr>
<tr><td colspan="5">金 额</td></tr>
<tr><td colspan="5">制单日期</td></tr>
</table>

除了上述程序，在货物装船后，托运人应及时向国外收货人发出“装船通知”（Shipping Advice），以便对方准备付款、赎单、办理进口报关和接货手续。如果 CFR、FOB 合同由买方自办保险，则及时发出装运通知尤为重要。装船通知的内容一般有：订单或合同号、信用证号、货物明细、装运港、装运期限、船名、航次、预计的开航日期或预计的到达日期等。出口公司往往用商业发票改制成的装船通知。

（4）班轮运价表。班轮运价表，也称班轮费率表，是根据不同航线、不同商品而确立的计费标准和计费方法，是班轮公司收取运费、货方支付运费的计算依据。

① 班轮运价表的种类。班轮运价表按照不同依据有不同的分类。

A. 根据运价表的制定来划分，运价表可分为四种。

航运公会运价表。由航运公会制定并决定调整改变，由参加公会的班轮公司使用，货方按其付费。这种运价表的运价比较高，承运条件也有利于船方，是一种垄断性运价表。

班轮公司运价表。由没有参加航运公会的班轮公司自己制定，并负责调整改变，货方可提出意见，但解释权、决定权在船方。

双方运价表。是由船货双方根据货载航运的实际情况，共同协商制定、共同遵守执行的运价表。对运价表的调整、改变须经船货双方共同协商决定。

货方运价表。由货方制定，船方接受使用。能制定运价表的货方一般是较大的货主，并能保证常年有稳定的货源供应。这种运价表对货方十分有利。

B. 从运价表的形式上来划分，运价表可分为两种。

一是等级运价表。是将全部商品（主要是杂货）分为若干个等级，每个等级有一个基本运费率，商品被规定为几级就按相应等级的运费率计算运费。一般将货物划分为 20 个等级，属于第 1 级的商品，运费率最低，第 20 级的商品运费率最高。

二是商品费率表，即单项费率运价表。是将每项商品及其基本费率逐个列出，每个商品有各自的费率，只要查到商品名称即可知道该商品的费率，使用比较方便。

② 班轮运价的内容。主要有以下五个方面的内容。

A. 说明及有关规定。包括运价表的适用范围、计价币别、计价单位及其他有关规定。

B. 货物分级表。列明各类进出口货物所属的运价等级、计费标准等。

C. 航线费率表。列明不同航线、不同等级货物的基本运费率。

D. 附加费率表。附加费的计算方法主要有两种，一种是以百分比表示，即在基本费率的基础上增加一个百分点；另一种是用绝对数表示，即每运费吨增加若干金额，可以与基本费率直接相加计算。

E. 冷藏货费率表及活牲畜费率表。列明各种冷藏货物和活牲畜的计费标准及费率。

（5）班轮运价。班轮运费是承运人承运货物而收取的报酬，而计算运费的单价（或费率）称为班轮运价。

① 班轮运价的特点。班轮运价的收取包括货物从起运港到目的港的运输费用及货物在起运港和目的港的装卸费用，由基本费率和各种附加费所构成。一般是以运价表的形式公布的，是比较固定的和垄断的。

② 班轮运价的计算标准。常见的计算标准有以下八种。

A. 按货物的毛重计收。亦称重量吨，在运价表中，以“W”字母表示。一般以吨为计算单位，吨以下取二位小数，但也有按长吨或短吨计算的。

B. 货物的体积计收。亦称尺码吨，在运价表中以“M”字母表示。1 尺码吨以 1 立方米或 40 立方英尺为 1 个计算单位。

C. 按货物的毛重或体积计收运费，计收时取其较高者。在运价表中以 W/M 字母表示。货物的重量吨或尺码吨统称为运费吨。按惯例凡 1 重量吨货物体积超过 1 立方米或 40 立方英尺者按体积收费；1 重量吨货物其体积不足 1 立方米或 40 立方英尺者，按毛重计收。

D. 按货物的价格计收运费，又称从价运费。在运价表中以“ad val”（ad valorem）表示。一般按商品 FOB 货价的百分率计算运费。按从价计算运费的，一般都属高值货物。

E. 按货物重量或体积或价值三者中最高的一种计收，在运价表中以“W/M or ad val”表示。也有按货物重量或体积计收，再加收一定百分比的从价运费，在运价表中以“W/M plus ad val”表示。

F. 按货物的件数计收。如卡车按辆计费，牛、羊按头计费。

G. 货主和船公司临时议价。这种方法通常是在承运粮食、豆类、煤炭、矿砂等运量较大、货价较低、装卸容易、装卸速度快的农副产品和矿产品时采用。一般情况下，议价运费比按等级运价计算运费低。

H. 起码费率。是指按每个提单上所列的重量或体积所计算出的运费，在尚未达到运价表中规定的最低运费额时，则按最低运费计收。

应当注意的是，如果不同商品混装在同一包装内，则全部运费按其中较高者计收，同一票商品如包装不同，其计费标准及等级也不同。托运人应按不同包装分列毛重及体积，才能分别计收运费，否则全部货物均按较高者收取运费。同一提单如有两种或两种以上不同货名，托运人应分别列出不同货名的毛量或体积，否则全部将按较高者收取运费。

③ 班轮运价的构成。班轮运价由基本费率和多种附加费构成。基本费率即班轮航线内基本港之间对每种货物规定的必须收取的费率，包括各航线的等级费率、从价费率、冷藏费率、活牲畜费率及议价费率等。附加费是对一些需要特殊处理的货物或由于客观情况的变化等使运输费用大幅度增加，班轮公司为弥补损失而额外加收的费用。附加费的种类很多，而且随着客观情况的变化而变化。以下为几种常见的附加费。

超重附加费。由于单件货物重量超过一定限度而加收的附加费。

超长附加费。由于单件货物的长度超过一定限度而加收的附加费。

燃油附加费。由于燃油价格上涨而加收的费用，是一项主要的附加费，几乎所有的航线都有这种附加费。

港口附加费。由于一些港口设备差，装卸效率低，费用高导致船舶成本增加而加收的附加费。

港口拥挤附加费。由于港口拥挤，船舶需长时间等泊，为弥补船期损失而收取的附加费。该项附加费随港口拥挤程度的变化而调整。如港口恢复正常，该项附加费即可取消，所以变动性很大。

货币贬值附加费。指为弥补因收取运费的货币贬值造成的经济损失而收取的费用。一般随着货币贬值幅度按基本费率的百分之几收取。

绕航附加费。由于某种原因，船舶不能按正常航线而必须绕道航行，从而增加航运开支，为此加收的附加费称绕航附加费。这是一种临时性的附加费，当航线恢复正常时，该项费用即取消。

转船附加费。对运往非基本港的货物，需在中途港转运至目的港，为此而加收的附加费称转船附加费。

直航附加费。班轮公司将达到规定数量的货物直接运抵非基本港卸货而加收的附加费。

选卸港附加费。由于贸易方面的原因，在办理货物托运时尚不能确定具体卸货港，需要在预先选定的两个或两个以上的卸货港中进行选择，为此而加收的费用称选卸港附加费，货方必须在该航次中船舶到达第一卸货港 48 小时前向船方宣布。

班轮附加费名目繁多，除上述各项附加费外，还有变更装卸货港附加费、洗舱费、熏蒸费、冰冻附加费等。

④ 班轮运费的计算步骤。主要有以下五个步骤。

第一步：查《汉英中国出口商品词典》，找出该海运货物的准确英译名称。

第二步：查货物分级表，找出该货物的计费标准和所属等级。

第三步：查所属航线的等级费率表，找出该等级货物的基本运费率。

第四步：查附加费率表，找出该货物的附加费率。

第五步：计算总运费。

$$F = F_b(1 + \sum S) \times Q$$

式中，F 表示运费总额；F_b 表示基本运费；S 表示某项附加费；Q 表示货物数量（公吨或立方米）。

（6）班轮运输合同。实际情况是，在几乎所有国际班轮运输中，船货双方都没有签订标有“国际班轮运输合同”或类似字样的法律文件，也就是说实际业务中，在多数情况下不存在一份表达双方意愿的、条款完备、内容清晰的正式的班轮运输合同。有人认为，提单就是班轮运输合同；也有人认为，提单与托运单等单据一起构成班轮运输合同。

2. 租船运输

（1）租船运输的定义。租船运输又称不定期船运输。它与班轮运输不同，租船没有固定的航线、港口、船期和运价。租船是一种商业行为，船舶所有人（船东）为了收取报酬，把船按照双方签订的租船合同规定的条件，租给需要用船的人（租船人或称承租人）使用，按贸易需求安排船期、航线和港口，以完成特定的货运任务。在租船条件下，船舶所有权没有转移，只有使用权的转移，因此租船是一种无形贸易。租船运输通常适应于大宗货物的运输。

① 定程租船。定程租船又称航次租船，是指由船东负责提供船舶，在指定港口之间进

行一个航次或数个航次的对承运人指定货物的租船运输。在实际业务中分为单程航次、连续单程航次、来回程航次、连续来回程航次等方式。

定程租船的特点主要有以下六个方面。

A. 船舶的经营管理由船方负责。

B. 规定一定的航线和装运的货物种类、名称、数量及装卸港口。

C. 船方除对船舶航行、驾驶、管理负责外，还应对货物运输负责。

D. 在多数情况下，运费按所运货物数量计算。

E. 规定一定的装卸期限或装卸率，并计算滞期费、速遣费。

F. 船租双方的责任、义务，以航次租船合同为准。

② 定期租船。定期租船简称期租船，是指由船东将船舶出租给承租人，供其使用一定时期的租船运输，并在规定的期限内由租船人自行调度和经营管理。

定期租船的特点主要有以下七个方面。

A. 租赁期间，船舶的经营管理由租船人负责。

B. 不规定船舶航线和装卸港口，只规定船舶航行区域。

C. 除特别规定外，可以装运各种合法货物。

D. 船方负责船舶的维护、修理和机器的正常运转。

E. 不规定装卸期限或装卸率，不计算滞期费、速遣费。

F. 租金按租期每月每吨若干金额计算。

G. 船租双方的权利与义务，以期租船合同为准。

③ 光船租船。光船租船又称船壳租船。船东只提供空船，由租船人配备船员，提供工资给养，负责船舶的经营管理和航行各项事宜。在租期内，租船人实际上对船舶有着支配权和占有权。船东除收取租金外，不负任何责任，也不承担任何费用，相当于一种财产租赁。对船东来说，一般不放心把船交给租船人支配；对租船人来说，由于雇用和管理船员工作很复杂，也不愿意采用这种方式。因此光船租船在租船市场上很少采用。

（2）定程租船的相关费用及许可装卸时间。

① 定程租船运费。定程租船运费的计算方式与支付时间，需由租船人与船东在所签订的程租船合同中明确规定。其计算方法有两种，一种是按规定运费率，即规定每单位重量或单位体积规定的运费额计算；另一种规定整船包价，即规定一笔整船运费，船东保证船舶能提供的载货重量和容积，不管租方实际装货物的多少，一律照整船包价付费。运费的交付要明确币别和支付时间，并明确是预付、到付或是部分预付部分到付及其百分比。

② 定程租船的装卸费。定程租船运输情况下，有关货物的装卸费用由租船人和船东协商后在租船合同中做出具体规定。具体做法主要有四种。

A. FIO（Free In and Out）。即船东不负责装卸和费用。同时要明确理舱费（Stow）和平舱费（Trim）谁负担，即 FIOS 或 FIOT 或 FIOST。

B. FO（Free Out）。即船东负责装货和费用，但不负责卸货和费用。

C. FI（Free In）。即船东负责卸货和费用，但不负责装货和费用。

D. Gross Terms。也叫 Liner Terms，即船东负责装卸和费用，又称班轮条件。

③ 许可装卸时间。对船东来说，装卸时间无法控制，必须规定多少时间内完成装卸作业，一般用装卸率或装卸时间表示。装卸时间的规定方法很多，其中主要有以下三种。

A. 日或连续日。从装卸或卸货开始，到装货或卸结束，整个经过的天数，就是总的装货或卸货时间。在此期间，不论是实际不可能进行装卸作业的时间（雨天、雪天、施工或其他不可抗力等），还是星期日或节假日，都应计为装卸时间。这种规定方法对租船人不利。

B. 连续 24 小时晴天工作日。除去星期日、节假日和因天气不良不能进行装卸的时间，否认港口每日工作多少小时，一律以连续作业 24 小时作为一个装卸日。这种规定方法一般适用于昼夜作业的港口。国际运用较为普遍，我国一般也采用这种方法

C. 累计 24 小时晴天工作日。除去星期日、节假日和因天气不良不能进行装卸的时间，以港口工作累计 24 小时为一个装卸日（非工作时间不计算在内）。如果港口的工作时间是每天 8 小时，那么一个 24 小时晴天工作日就可能跨几天的时间。这种规定方法对租船人较为有利，但对船方不利。

④ 滞期费和速遣费。如果租船人在规定的装卸时间内未能将货物全部装卸完毕，致使船舶在港口停泊时间延长，给船东造成经济损失，则要按实际滞延时间向船东支付一定金额的罚款，叫滞期费。反之如果租船人在规定的装卸时间内提前完成装卸任务，使船东节省在港费用并获得船期利益，船东将其获得的利益的一部分给租船人作为奖励，叫速遣费。速遣费通常是滞期费的一半。

（3）租船合同的含义及种类。租船合同是指船舶出租人与租船人按照契约自由的原则达成的协议，依照此协议，船舶出租人将船舶全部或部分提供给租船人使用，租船人向船舶出租人支付一定的运费或租金；而且，协议中就双方当事人的权利与义务、责任与豁免等事项以条款的形式加以规定，用以明确双方的经济、法律关系。

一般而言，依据出租方式，租船合同可以分为三种基本类型，即航次租船合同、定期租船合同和光船租船合同。相比而言，在国际货物运输领域，航次租船合同在三者当中应用最为广泛，在此仅对其加以介绍。

航次租船合同又称程租船合同，属于国际海洋运输合同的一种，一般用于大宗货物的海上国际运输。根据我国《海商法》的规定，“航次租船合同，是指船舶出租人提供船舶或者船舶的部分舱位，装运约定的货物，从一港运至另一港，由承租人支付约定运费的合同。”

航次租船合同的承租人并不占有和控制船舶，而只是在装运港交付货物，由船舶出租人负责运往目的港。按照运输形式的不同，航次租船合同可分为单航次租船合同，往返航次租船合同 ，连续单航次租船合同以及包运租船合同。另外，近年来出现的一种租船合同，即航次期租合同，有时在实践中也作为航次租船合同来对待，但这种合同的性质究竟是属于航次租船合同还是属于期租船合同还要看合同条款的具体规定。

案例解析

锦迪公司将数台设备交由永通公司代理运输，从张家港由公路运输经上海至汉堡港，由张家港仓储公司负责装箱。上海至汉堡段货物交由实际承运人 A 承运。永通公司向锦迪公司出具了全程清洁提单，A 则向永通公司出具了清洁提单。货物投保了一切险。货物到达汉堡港后发现箱损，经公证机构检验，确认由于箱内设备加固、捆绑不牢，致使箱损和部分货损。请阐明各方的权利和义务，以及本案的解决办法。

解析：因为经公证机构检验，确认由于箱内设备加固、捆绑不牢，致使箱损和部分货损。那么，本案例可以判定是发货人锦迪公司的过失所致，即因为锦迪公司包装这批货物时，箱内设备加固、捆绑不牢，致使货物在运输途中造成箱损和部分货损，所以，理应由锦迪公司承担责任。

习题演练

一、单项选择题

1．运价表中注“W/M”表明（　　）。

A．运费按实际重量计收　　B．运费按体积或容积计数

C．运费按重量或体积计收　　D．运费按商品价格计数

2．具有“四固定”特点的运输方式是（　　）。

A．班轮运输　　B．定程租船

C．定期租船　　D．光船租船

3．如果卖方未按期装运货物，则买方的权利是（　　）。

A．只能要求卖方赔偿损失　　B．只能撤销合同

C．只能要求卖方马上装运　　D．撤销合同并要求卖方赔偿其损失

4．班轮运输的运费应该包括（　　）。

A．装卸费，不计滞期费、速遣费　　B．装卸费，应计滞期费、速遣费

C．卸货费和应计滞期费，不计速遣费　　D．卸货费和速遣费，不计滞期费

5．在航次租船方式下，货物装卸费由船舶出租人还是承租人承担取决于合同的具体规定。（　　）规定表明船舶出租人不承担货物装卸费用。

A．FILO　　B．FIOST

C．LIFO　　D．LINER TERMS

6．国际海上集装箱班轮运输中可能使用“货主箱”（SOC），该类箱在海上运输过程中灭失或者损坏时，可以认为它是一种（　　）。

A．货物的包装　　B．运输设备

C．运输工具　　D．货物

二、判断题

1．受载期是船舶在租船合同规定的日期内到达约定的装货港并装货完毕的最后期限。(　　)

2．航次租船租期的长短取决于完成一个航次或几个航次所用的时间。为此航次租船合同规定完成一个航次或几个航次所需的时间。(　　)

3．如果出口货物是以 FOB 价格条件成交，则货物运输由进口商安排，此时班轮订舱工作可能在货物的卸货地或输入地由进口商办理，这就是卸货地订舱。(　　)

4．在集装箱运输中，“TEU”和“FEU”在集装箱船的载箱量、港口集装箱吞吐量、允许装载的货物重量和体积等方面都按照 2 倍关系进行计算。(　　)

三、简答题

1．班轮运输有哪些特点？班轮运费的计算标准有哪些？

2．定期租船和定程租船有何不同？

3．买卖合同中的装运时间有哪些规定？应注意什么问题？

四、计算题

1．某公司出口 100 箱商品到美国，每箱体积为 40 厘米×30 厘米×20 厘米，整批货物毛重为 30 千克，经查该商品货物分级表规定计算标准为 W/M，等级为 10 级，又查运费率为 22 美元，另外加收港口附加费 10%。问该公司应付船公司运费为多少？

2．用集装箱装运一批木箱包装的货物从青岛运往国外某港口，木箱尺寸为：1 米×1 米×1 米，共有 40 立方米，总重为 35T，整箱运输，可以选用的箱型为 ISO 标箱中的 1AA 或者 1CC，查运价本得：USD1 000/TEU，USD1 800/FEU。问：

（1）国际货运代理人为节省成本，应该如何选用集装箱？

（2）支付多少运费？

（注：FEU 是英文 Forty-foot Equivalent Unit 的缩写，是以长度为 40 英尺为国际计量单位的集装箱。）

3．上海运往肯尼亚蒙巴萨港口“门锁”一批计 100 箱，每箱体积为 20 厘米×30 厘米×40 厘米，毛重为 25 千克。当时燃油附加费为 30%，蒙巴萨港口拥挤附加费为 10%。门锁属于小五金类，计收标准是 W / M，等级为 10 级，基本运费为每运费吨 443.00 港元。

请计算应付运费是多少？

4．某公司出口箱装货物一批，报价为每箱 50 美元 CFR 利物浦，英国商人要求改报 FOB 价。已知，该批货物体积每箱长 45 厘米、宽 40 厘米、高 25 厘米，每箱毛重 35 千克，商品计费标准为 W / M，每运费吨基本运费率为 120 美元，并加收燃油附加费 20%，货币附加费 10%。我方应报价多少？

子情景二 海运单据的类别

学习目标

知识目标

- 了解海运单据的类别
- 熟悉国际海运单据的性质和作用

能力目标

- 能够熟练掌握国际海运单据的特点
- 能够根据海运业务需要选择单证、缮制单证
- 掌握海运当中单证的流转程序

素质目标

- 培养学生在海运单据制作过程中仔细、耐心的工作作风
- 锻炼学生在海运单据操作中认真、负责、抗压的心理素质

项目背景

运输单据通常是指代表运输中的货物或证明货物已经装运的单据。运输单据反映了与货运有关的各当事人之间的契约关系。在出口国装运地交货条件下，运输单据则是卖方凭之证明已履行交货责任的主要依据，也是出口商向银行进行议付和买方凭之支付货款的主要依据之一。在对外贸易中，根据不同的运输方式，有多种运输单据，其中包括海运提单、铁路运单、承运货物收据、航空运单、邮政收据和联运单据等。浙江英卡顿网络科技有限公司的新员工 Allen 意识到运输单据是国际货物运输的“灵魂”，认真学习并领悟各种运输单据对国际货物运输具有十分重要的意义。

任务实施

步骤 1：在海运实践中辨别国际海运单据的类别

步骤 2：学习国际海运提单的性质、作用、种类

步骤 3：缮制国际海运提单和海运单

步骤 4：掌握国际海运提单和海运单的流转程序

知识铺垫

一、海运提单

海运提单，简称提单（Bill of Lading，B/L），是指用以证明海上货物运输合同和货物已经由承运人接收或装船，以及承运人保证据以交付货物的单据。在进出口贸易中，提单是最主要的单据，具有十分重要的作用。

1. 海运提单的性质和作用

（1）提单是承运人或其代理人签发的货物收据。如承运人未另加批注，则提单正面有关货物品名、标志、包装或件数、重量或体积、外表状况等的描述构成承运人按此数量、件数及表面状态接管货物、将货物装船的初步证据，而承运人有义务在目的港依提单所载货物件数、数量、表面状态将货物交予收货人。

（2）提单是代表货物所有权的凭证，收货人或提单的合法持有人有权凭提单向承运人提取货物。由于提单是一种物权凭证，因而在国际市场上，提单可以在载货船舶到达目的港交货之前办理转让或凭以向银办理质押贷款。

（3）提单是运输合同的证明。在班轮运输中，提单条款明确规定了承运人与托运人相互之间的权利和义务，是确定当事各方责任的重要依据。但当提单与运输合同或提单与承、托双方的补充协议内容有差异时，确定承、托双方的责任义务就应以运输合同或补充协议为准。

2. 海运提单的种类

提单的种类很多，从不同的角度可以有以下分类。

（1）按货物是否装船划分，可以分为已装船提单和备运提单。

① 已装船提单（On Board B/L）。是指承运人在货物已装上指定船舶后签发给托运人的提单。这种提单使用最广泛，目前出口人向银行仪付货款所提交的提单必须是已装船提单，其特点是提单上必须载明船舶名称和装船日期。此时，装运日期和装船日期为签发期。

② 备运提单（Received for Shipment B/L）。是指承运人在收到货物等待装运期间所签发的提单。这种提单没有明确的装船日期，不注明装运船只的名称，将来货物能否装出及能否凭单提到货物均无确切的保障，因而买方和受让人不愿意接受，信用证项下银行一般也不予以接受。如果在货物全部装船后，托运人可凭备运提单换取已装船提单，或者由承运人在备运提单上批注实际装货船名和装船日期使之转变为已装船提单，此时，批注日期即装运日期和装船日期，对于这种提单，只要装船日期符合信用证的规定，银行就不得拒绝。

（2）按提单上对货物外表状况有无不良批注划分，可分为清洁提单和不清洁提单。

① 清洁提单（Clean B/L）。指货物装船时“表面状况良好”，承运人未加任何货损、包装不良等一类批注的提单。银行结汇、提单转让一般都要求清洁提单。但清洁提单只能说

明承运人确认货物在装船时外表状况良好，无破损，并不能保证货物内在品质的完好，更不能排除货物具有无法直接观察到的内在瑕疵。

② 不清洁提单（Unclean B/L，Foul B/L）。指货物装船时外表状况不良，承运人在提单上加有货物受损或包装有缺陷等不良批注的提单。这种提单所载明的货物如在运输途中受损，承运人概不负责，保险公司也不予赔偿。所以，除信用证明确规定可以接受的情况外，银行将拒绝这种提单。

（3）按提单收货人抬头不同划分，可分为记名提单、指示提单和不记名提单。

① 记名提单（Straight B/L）。指在提单上“收货人”（抬头）档内填写某一特定人或公司的提单。这种提单原则上不能转让。我国《海商法》第 9 条规定“记名提单不得转让……”。所以提单项下的货物只能由提单上写明的特定收货人提取，避免了转让过程中可能给货方带来的风险，使货物始终控制在货主手中。只是在少数国家，依法律可以采取类似财产转让的手法转让记名提单。由于提单的流通性受到限制，给贸易商带来很大不便，所以很少使用，一般只是在运送价值贵重的货物、展览品及援外物资时使用。

② 指示提单（Order B/L）。指在提单“收货人”档内填写“凭指示”（To Order）或“凭某人指示”（To Order of ...）字样的提单。这种提单可经过背书转让给他人。所谓背书是指持单人在提单背面载明转让提单的文字记载和签名，并把提单交付给受益人的行为。背书有“记名背书”和“空白背书”两种形式。记名背书指背书人在提单背面签字外，还列明被背书人的名称，这种背书的提单只能转让一次。空白背书指背书人只在提单背面签字，而不注明被背书人的名称，可多次转让。在实际业务中使用最多的是“凭指定”并经空白背书的提单，习惯上称其为“空白抬头、空白背书”提单。

③ 不记名提单（Bearer B/L）。指在提单“收货人”档内填写“来人”或“交予持票人”字样的提单。这种提单转让手续简便，不需经过背书，仅凭交付即可；但风险较大，一旦遗失或被盗，货物容易被人提走或发生纠纷，所以很少使用。

（4）按运输方式不同划分，可分为直达提单、转船提单和联运提单。

① 直达提单（Direct B/L）。指船舶将货物从装运港装船后直接运抵目的港，中途不需换船条件下签发的提单。凡信用证规定不准转船者，必须使用直达提单，银行才可以办理议付贷款。

② 转船提单（Transshipment B/L）。指货物从装运港装船后，不直接驶往目的港，而需在中途港换船再运往目的港条件下签发的提单。该提单上须注明“转船”或“在×港转船”字样。由于货物在中途转船，对进口人来说，不仅会增加货物受损或其他方面的风险，而且会因为等候换船而延误到货时间，所以买方通常争取直达提单，并在信用证内明确规定不许转船，但碍于运输条件的限制，有时转船也许会使货物更快驶达目的港，在这种情况下，经双方约定也可以使用“转船提单”。

③ 联运提单（Through B/L）。指海运和其他运输方式联合运输时由第一程承运人签发的包括全程运输手续及运费的提单。它如同转船提单一样，货物在中途转换运输工具和进行交接，由第一程承运人或其代理人向下一程承运人办理。应当指出，联运提单虽包括全

程运输，但签发联运提单的承运人一般都在提单中规定只承担其负责运输的一段航程内的货损责任。

（5）按提单内容的繁简划分，可分为全式提单和略式提单。

① 全式提单（Long From B/L）。又称为繁式提单。该提单正面列明了必要的内容，背面列有承运人和托运人权利、义务和免责的详细条款，亦称提单条款。进出口业务中一般多使用全式提单。

② 略式提单（Short From B/L）。又称为简式提单。指略去背面有关承运人和托运人的权利、责任、义务等条款，仅有正面必要项目的提单。这种提单内一般印有“本提单货物的收妥、保管、运输和运费等事项均按本公司全式提单上的条款办理”的字样。租船合同项下的略式提单一般注明“一切条件、条款和免责事项按照××租船合同”字样，这种提单受租船合同的约束，不能成为一个完整的独立文件，除非信用证另有规定，银行一般不予接受。

（6）根据提单使用效力划分，可分为正本提单和副本提单。

① 正本提单（Original B/L）。指提单上有承运人、船长或其代理人签名盖章并注明签发日期的提单。这种提单在法律上和商业上都是公认有效的单证。正本提单上必须标明“正本”字样，一般一式两份或三份，凭其中任何一份提货后，其余各份即作废，因此一般买方或银行要求卖方提供正本提单，即全套提单。

② 副本提单（Copy B/L）。指提单上没有承运人、船长或其代理人签字盖章，仅供工作上参考之用的提单。副本提单上一般注明“副本”或“不可转让”字样，不得标明“正本”字样。

（7）按运费支付方式划分，可分为运费预付提单和运费到付提单。

① 运费预付提单（Freight Prepaid B/L）。指承运人在卖方支付运费的情况下签发的提单，运费预付提单多见于 CIF、CIR、CIP、CPT 等由卖方支付运费的术语的合同。

② 运费到付提单（Freight Collect B/L）。指承运人在装运港签发的，待货到目的港后，由收货人与承运人结算运费的提单。在没有付清运费前，承运人可以使用货物置留权。多见于 FOB、FCA 等由买方支付运费的术语的合同。

（8）其他种类提单。

① 舱面提单（On Deck B/L）。也叫甲板提单。指承运货物装在船舶甲板上所签发的提单，须注明“货装甲板”字样。按照《海洋规则》的规定，舱面货物不包括在承运人负责的货物范畴之内，承运人对其在海上运输中发生的任何灭失和损坏不负责任，托运人须加保“舱面险”来解决。但在实际业务中，进口商品一般不愿意货物装在甲板上，银行也不接受甲板提单结汇。

② 交换提单。由于贸易上的需要，装运港签发提单后，应托运人的请求凭此提单在中途港另换一套提单，并将此提单收回，中途港变为装运港，发货人变为中途港的关系人，货物仍由原船运至目的港。在这种情况下，原装运港签发的提单就成为交换提单。

③ 过期提单（Stale B/L）。其原意为晚于货物到达目的港的提单，即由于航线较短或

银行传递提单较慢，以致船舶到达目的港时，收货人尚未收到提单，在此情况下，买方一般要在信用证中规定“过期提单可以接受”的条款。在信用证支付方式下，卖方持单向银行议付的时间过晚都属于过期提单。《跟单信用证统一惯例》（UCP600）规定，银行拒绝接受晚于信用证上规定的交单付款、承兑或议付的特定期限的单据，如无此特定期限，亦不得接受晚于装运日 21 天后提交的单据。

④ 倒签提单（Antedated B/L）。倒签提单是指货物装箱完毕后，承运人签发的以早于货物实际装船日期为签单日期的提单。有时由于种种原因货物未能在合同或信用证规定的装船期内装运，又来不及修改信用证，为方便结汇，有的托运人要求倒签装船日期。但从法律上来说，无论出于什么原因，一方面，虚假的装船时间是对运输合同的违反；另一方面，由于国际市场风云变幻，交货时间往往对买方至关重要，直接影响到货物的再出售，被看作买卖合同的要件，因而伪造装船时间是对收货人利益的重大侵犯。所以倒签提单是一种既违约又违法的行为，在许多国家都被视为卖方和船方的共同欺诈，一经发现，承运人将不得不与托运人共同赔偿收货人因此遭受的损失。因此在业务中应尽量避免。

⑤ 预借提单（Advanced B/L）。又称无货提单，是指货物在装船前或装船完毕前，托运人为及时结汇向承运人预先借用的提单。预借提单大都是因为信用证规定的最迟装运日期即满，但这时货尚未备妥，或货物备妥但尚未装船，或因船期延迟尚未到港，或虽已到港但尚未受载。船公司签发提单的日期应该是该批货物全部装船完毕，就是大副出具收据的那一天，这是一项很严肃的法律行为。与倒签提单相似，预借提单也是既违约又违法的，也通常被视为欺诈，对承运人来讲预借提单比倒签提单的风险更大，因为货物尚未装船或未装船完毕，货物能否安全装船、是否能全部装船，将在什么时间装船、货物装船时的状况都不得而知。如果此时提单业已签出，对提单善意持有人的交付义务已经存在，承运人处于被动地位的可能性就会更大。

3. 有关提单的国际公约

（1）1924 年 8 月在布鲁塞尔签订的《统一提单的若干法律规定的国际公约》，即《海牙规则》。该公约于 1931 年生效，共 16 条。到目前为止，《海牙规则》已经成为世界上最为广泛使用的国际公约。

（2）1968 年 2 月在布鲁塞签订的《关于修订统一提单若干法律规定的国际公约议定书》，即《维斯比规则》，于 1977 年正式生效，共 17 条。

（3）1978 年联合国汉堡会议通过的《联合国海上货物运输公约》，即《汉堡规则》。该规则于 1992 年 11 月生效，共 34 条，目前在国际上影响不大。

二、海运单

海运单（Sea Waybill，Ocean Waybill），又称不可转让海运单（Non-negotiable Sea Waybill）。它在近二十年来逐步被各国采用，是在近海贸易中来代替海运提单的一种运输单据。国际海运委员会 1990 年制定的《海运单统一规则》及《跟单信用证统一惯例》（UCP600）的第 24 条都对海运单的应用进行了详细的规定，为海运单的使用提供了准则和标准。

1. 海运单的性质

（1）是承运人收到由其照管的货物的收据。

（2）是承运人与托运人之间订立海上运输合同的证明。

（3）是承运人保证据以将货物交付给单证所载明的收货人的一种不可转让的单证。

2. 海运单与海运提单的区别

（1）海运提单是货物收据、运输契约证明，还是物权凭证；而海运单只是货物收据和运输契约证明，不具有物权凭证的性质。

（2）海运单不能流通，不是承运人发货、收货人提货的凭证。

（3）海运提单承认托运人的货物控制权；而在海洋运单的使用中，在实物交付后，卖方仍然有权控制货物，可发出指示确定收货人，也可根据需要变更原收货人。这与象征性交货中完全代表货物的海运提单不同，也与实际交货中作为货物附属的货运单据不同。

3. 海运单流转的程序

（1）船公司签发海运单正本一份给托运人或发货人。

（2）船公司在船舶到达卸货港前约一个星期向海运单上标明的具体收货人发出到货通知单。

（3）收货人签署到货通知单并将其退还船公司在当地的代理机构。

（4）船公司代理据以签发提货单给收货人。

（5）船舶抵港后，收货人结清运费，办好相关手续，凭提货单提货。

由于海运单提货方便，费用节省，便于防止假单据欺诈，而且利于电子数据交换系统的使用，海运单的使用范围逐渐扩大，但是海洋提单仍然是最主要的海运单据。

案例解析

2018 年 2 月，中国服装进出口公司委托远东贸易运输公司（以下简称 E 公司）办理 600 只纸箱的男士服装出口手续。E 公司将货装上 MSC（地中海航运有限公司）所属的“红海”轮，并签发了远东贸易运输公司的联运提单，提单上标明货物数量为 600 只纸箱，分装 6 只 40 英尺集装箱。2018 年 2 月 27 日，该轮抵达目的港日本神户，同日，集装箱驳卸到岸。2018 年 3 月 4 日，日方收货人 Fast Co., Ltd.在港口开箱，由日本诚信公司出具的“拆箱报告”称，箱号为 MSCU3784217 的集装箱中，有 15 只纸箱严重湿损，30 只纸箱轻微湿损。2018 年 3 月 6 日，6 只集装箱由卡车运至东京某仓库，同日由新日本商检协会检验。该协会于同月 11 日出具商检报告称：51 只纸箱有不同程度的湿损，将湿损衣物的残值冲抵后，实际货损约为 32 000 美元，湿损系集装箱里档左侧顶部有裂痕所致。

解析：本案例中集装箱出现裂缝，极有可能发生在海上运输阶段。因为在集装箱交接的过程中，各有关方都会根据集装箱《设备交接单》规定的各项内容进行过交接，如果在装船之前发现集装箱有裂缝，承运人不可能同意将有缺陷的集装箱装上船。根据海运提单有关规定，一旦签发了清洁提单，就意味着承运人从发货人处接受了外表良好状况的集装箱，那么在卸货港承运人就有责任交给持有提单的收货人外表状况良好的集装箱，否则就应当赔偿收货人相应的损失。因此，本案例中承运人应对收货人进行赔偿。

在集装箱整箱货交接的整个过程中，所涉及的有关关系方包括为承运人管理集装箱的管箱人、运输集装箱的运箱人、使用集装箱进行装箱的用箱人、负责集装箱装船整个过程的装货港的集装箱码头公司、负责集装箱卸货整个过程的卸货港的集装箱码头公司、负责集装箱海上运输的承运人、接受集装箱货物的收货人。有关各方应严格按照集装箱《设备交接单》规定的各项内容，在使用前应对集装箱按教材中所列的要求进行仔细全面的检查，包括外部、内部、箱门、清洁状况、附属件及设备等，并以设备交接单（或其他书面形式）确认集装箱交接时的状态，以分清责任。

习题演练

一、不定项选择题

1．轮船公司在提单上未做任何不良批注的提单是（　　）。

A．不清洁提单　B．清洁提单　C．不记名提单　D．已装船提单

2．下列关于提单的说法错误的是（　　）。

A．它是一种货物收据　B．它是一种运输契约

C．它是代表货物所有权的凭证　D．它是承运人和托运人订立的运输契约证明

3．在国际贸易中不能流通转让的提单是（　　）。

A．记名提单　B．不清洁提单　C．不记名提单　D．指示提单

4．目前，在实际业务中使用最多的提单是（　　）。

A．记名提单　B．不记名提单

C．空白抬头、空白背书提单　D．空白抬头、记名背书提单

5．货物装船后，出口商换取正本提单的凭证是（　　）。

A．装船提单　B．轮机长收据　C．大副收据　D．运费收据

6．按提单是否有批注可分为（　　）。

A．清洁提单　B．不记名提单　C．不清洁提单　D．指示提单

7．海运提单有关当事人包括（　　）。

A．托运人　B．承运人　C．收货人　D．被通知人

二、判断题

1．海运提单如有三份正本，则凭其中任何一份即可在卸货港向船公司或船代理提货。（　　）

2．记名提单比不记名提单风险大，故很少使用。（　　）

3．记名提单和指示提单同样可以背书转让。（　　）

4．清洁提单是指不载有任何批注的提单。（　　）

5. 海运单虽然是一种不可转让的单证，但也必须由发货人转让给收货人，以便收货人以此为凭证要求承运人交付货物。（　　）

三、简答题

1. 什么是提单？提单的性质和作用是什么？
2. 简述杂货班轮装货港货运及主要货运单证流程。

子情景三　制定海运运输条款

学习目标

知识目标

- 了解国际货物买卖合同和运输合同中的当事人
- 掌握国际货物买卖合同中的运输条款内容

能力目标

- 能够谈判国际货物买卖合同中的运输条款
- 能够签订国际货物买卖合同中的运输条款

素质目标

- 具备契约精神和法律意识
- 培养严谨细致的工作作风

项目背景

运输条款是订单中关于卖方应该如何交货等问题的规定。运输条款的订立与订单性质及运输方式有着密切的关系。我国出口合同大部分使用 FOB、CFR、CIF 术语，且多数选择海洋运输。根据国际惯例，在此类合同项下，卖方只要将货物装上指定船只即算完成交货。选择了合适的运输方式，并正确填制运输单据后，最重要的一步是与相关商业伙伴订立运输合同，合同中的运输条款是必须重点掌握的内容。

任务实施

步骤 1： 明确装运时间、地点、目的港

步骤 2： 明确是否允许分批与装船、装运通知

步骤 3： 明确滞期和速遣等辅助条款

知识铺垫

一、装运时间

装运时间又称装运期，是指卖方将合同规定的货物装上运输工具或交给承运人的期限。国际商会《跟单信用证统一惯例》（UCP600）第 46 条中明确指出："除非信用证另有规定，用于规定最早及最迟装运日期的'装运'一词，将被理解为包括诸如'装船''发运''收妥待运''邮局收据日期''收货日期等'及类似词语，还包括在信用证要求多式运输单据下的'接受监管'。"装运期是买卖合同的主要条件，卖方必须严格按规定时间交付货物，不得任意提前或延迟。否则，如造成违约，则买方有权拒收货物，解除合同，并要求损害赔偿。

1. 装运时间的规定方法

（1）规定具体的装运时间。

① 规定在某月内装运。例如，6 月装运。按此规定，全部成交货物可在 6 月 1 日到 6 月 30 日这一期限的任何一天装运。

② 规定在某月月底或以前装运。例如，2 月底或以前装运。即自订立合同之日起，最迟不超过 2 月 28 日装运。

③ 规定在某月某日或以前装运。例如，6 月 15 日或以前装运，即自订立合同之日起，最迟不超过 6 月 15 日装运。

④ 跨月装运。例如：1 月、2 月装运或者 1 月、2 月、3 月装运，即指货物可分别在 1 月 1 日至 2 月 28 日止或 1 月 1 日到 3 月 31 日止这一期限内的任何一天装运。

上述规定方法明确、具体，使卖方有一定时间进行加工备货和安排运输，同时有利于买方掌握货物装运期，做好支付货款和接收货物的准备，因而在国际贸易中使用较为广泛。

（2）规定在收到信用证后若干天装运。对某些外汇管制较严的国家或地区的出口交易，或对买方资信情况不够了解，或根据买方来样加工的商品或外国定牌商品，为了防止买方不按时履行合同而造成损失，出口合同中可采用在收到信用证后一定时期内装运的方法规定装运时间，以保障出口企业的利益。例如，收到信用证后 45 天内装运。

但在采用此方法时，必须同时规定有关信用证开到的期限，如不注明，则可能由于买方拖延或拒绝开证，使卖方无法及时安排生产、包装、装运而陷入被动。

（3）规定收到信汇、电汇和票汇后若干天装运。在 FOB 条件电汇支付的情况下，普遍使用这种方法。例如，收到你方 30%电汇货款后 30 天内装运。

（4）规定近期装运术语。这种方法不规定具体期限，采用如"立即装运"（Immediate Shipment）、"即期装运"（Prompt Shipment）、"尽快装运"（Shipment as soon as Possible）等术语来表示。由于这些术语在国际上没有统一解释，容易引起争议和纠纷，一般不宜使用。《跟单信用证统一惯例》（UCP600）第 46 条也明确规定："不应使用诸如'迅速''立即''尽可能快'及类似词语，如使用这类词语，银行将不予置理"。

2. 规定装运时间应考虑的因素

（1）货源情况。货源情况是履行合同的基础，装运期规定长短，应与国内生产的可能性及库存商品的数量和品种规格相适应。如有现货供应或加工需要较短时，装运期可以规定短一些；加工费时较多的，装运期则可以规定长一些。对于粮油、矿砂、煤炭等大宗交易的商品，因交货数量大，在合同中应规定跨月装运。

（2）运输情况。在由我方负责租船订舱的条件下，对装运期的规定要考虑我国与有关国家间的运输能力、航线、港口条件等情况。对有直达船和航次较多的港口，装运期可规定短一些；对无直达船或较偏僻的港口，以及虽有直达船但航次较少的港口，装运期要规定长一些，对属于季节性封冻的港口，装运期应避开冰冻期。

（3）市场情况。规定装运期要与国外市场需求的季节性和临时的特殊需求情况相适应。有些货物的市场情况是随季节（或时间）变化的。

（4）商品情况。规定装运期应考虑商品本身的性质和特点及商品的加工、包装、检验等条件。例如，某些商品梅雨季节出运要受潮、发霉、生锈，还有部分商品遇热溶化等，实际规定装运期应尽可能避开。

二、装运港和目的港

装运港即装货港，是货物起始装运的港口。目的港即卸货港，是最终卸货的港口。它们是买卖合同的重要内容之一，不仅同贸易术语有关，属于贸易术语的一部分，又与买卖双方所承担的运输责任有关，也是交货条件的重要内容。在国际贸易中，装运港一般由卖方提出，买方同意后确定；目的港由买方提出，卖方同意后确定。买卖双方在确定装运港和目的港时，一般分别规定一个，对于大宗买卖，也可以分别确定两个或两个以上的港口，但以不超过三个为宜。

在我国出口业务中，对装运港的规定一般以接近货源的港口为宜，同时应考虑国内的运输条件和费用水平，以方便运输、节省费用和便于产地加工与储存。在采用 CIF 和 CFR 贸易术语时，装运港不宜定得太少，最好能多定几个装运港或定为"中国口岸"；在采用 FOB 贸易术语时，应考虑装运港口的水深与买方来船大小相适应，注意装运港的规定必须与信用证一致。在进口业务中，对国内目的港的规定，原则上应尽可能选择离用货单位和消费地区近的港口，但根据我国目前港口条件，为避免港口到船集中而造成堵塞现象或签约时目的港尚难确定，在进口合同中，也可酌情规定为"中国港口"。采用 CIF、CFR 出口时对目的港的选择应注意以下八个方面的问题。

（1）必须明确具体。一般不使用"欧洲主要港口""非洲主要港口"等笼统的规定方法。因为国际上对此并无统一解释，而且各港口距离远近不一，港口条件各不相同，运费和附加费相差很大，因而有可能造成经济损失，甚至引起履约困难与不必要的纠纷和争议。

（2）不能接受国家政策不允许往来的港口为目的港。

（3）必须考虑港口的具体条件。如有无直达班轮、港口装卸设备能力、港口费用水平和规章制度等。如果租船运输时，还应进一步考虑码头泊位水的深度、有无冰冻期及冰封的具体时间、对船舶国籍有无限制等。

（4）对内陆国家的贸易，一般应选择距离该国最近的，并可以安排得过来的港口为目的港。

（5）对运往无直达班轮或航次很少的偏僻港口，应争取“允许转船”。

（6）不能接受指定码头或泊位的装卸条款。如果因业务需要必须接受这种条款时，应了解码头的设备条件和装卸效率，水深度能否靠船，费用情况和承运人是否同意在此卸货等，同时应在合同中加列下述内容：载货船舶到达目的港时，若指定码头无泊位或吃水限制，则卖方或承运人有权命令该船舶前往其他码头卸货，除非买方坚持在指定码头卸货，在这种情况下所发生的费用均由收货人负担。

（7）正确使用“选择港”。有的国外进口商与我方成交时，还不便确定卸货地点，有的国外进口商是中间商，在与我方成交时尚未找到最终买家，为了尽可能适应其业务需要，最大限度地简化提货转售手续，节省费用，可要求在几个港口中任选一个，这称为选择港（又叫任意港）。但进口商必须在货轮驶抵第一个备选港口前，按船公司规定的时间将最后确定的卸货港通知船公司或其代理人，船方负责按通知的卸货港卸货。否则船方有权在任何一个备选港口卸货。采用选择港时，备选港口不能超过三个；必须是在同一班轮航线上，而且是班轮公司的船只都停靠的港口；在核定价格和计算运费时，应按备选取港口中最高费率和附加费计算，如成交价格是按一般条件商定的，则在买卖合同中应明确规定因选择港口而增加的运费、附加费均由买方负担。

（8）应注意国外港口有无重名。世界各国港口重名的很多，例如，维多利亚港全世界共有 12 个之多；的黎波里港在利比亚和黎巴嫩各有一个；悉尼在澳大利亚和加拿大也各有一个。因此，为了防止发生差错、引起纠纷，在买卖合同中应明确注明目的港或装运港所在国家或地区的名称。

三、分批装运和转运

分批装运和转运都直接关系到买卖双方的利益，是否需要分批装运和转运，买卖双方应根据需要和可能在合同中做出明确具体的规定。

1. 分批装运

分批装运（Partial Shipment）是指一笔交易的货物分若干批装运。《跟单信用证统一惯例》（UCP600）第 40 条规定，运输单据表面上注明同一运输工具、同一航次、同一目的地的多次装运，即使其表面上注明不同的装运日期及（或）不同的装货港、接受监管地或发运地，将不视作分批装运。

国际上对分批装运的解释和运用有所不同。按有些国家的相关法律规定，如合同中对分批装运不做规定，买卖双方事先对此也没有特别约定或习惯做法，则卖方交货不得分批装运；《跟单信用证统一惯例》（UCP600）第 40 条规定，除非信用证另有规定，允许分批装运。因此，为避免争议，买卖双方应根据交货数量、运输条件和市场需要等因素，在买卖合同中注明是否允许分批装运。若双方同意分批，应将批次和每批装运的具体时间和数量注明。《跟单信用证统一惯例》(UCP600)第 41 条规定，在信用证有效期内，分批装运中任何一期未按期完成，信用证对该期及以后各期均告失效。

2．转运

转运是指自装货港到卸货港的运输过程中，货物从一条船只卸下，再装上另一条船只的行为。在出口业务中，凡驶往目的港没有直达船，或虽有直达船但船期不定或航次间隔时间太长，以及成交量大而港口条件差或拥挤严重的，为了便于装运，应在合同中加订转运条款，如“允许在×港口转运”。由于转运耽误时间，增加费用，也容易产生货损货差，所以买方一般不同意转运，尤其是在进出口国有直达航线时，买方都会限制转运，并在合同条款中注明“不准转运”。

《跟单信用证统一惯例》(UCP600)规定，除非信用证另有规定，可准许转运。为了明确责任和便于安排装运，买卖双方是否同意转运及有关转运的办法和转运费由谁负担等问题，应在买卖合同中注明。

四、装船通知

装船通知，亦称装船声明。它的使用一般是根据信用证或合同要求，发货人在货物装船后将装船情况通知进口商，以便及时办理保险或准备提货、租仓等。装船通知的内容主要包括合同号码、货物的品名、装运数量、发票金额、船名及航次、装运日期等。以 CFR 贸易术语成交时尤为重要，一方面，它使买方了解船在航行中的动态，以便及时接货；另一方面，它发挥保险通知的作用。根据国际贸易习惯做法，如果卖方未发出或未及时发出装运通知，致使买方漏保或未及时投保，卖方应负责赔偿买方因此而遭受的一切损失。通知的方式通常为电报或传真通知，电报抄本或传真原件随其他单据交银行议付，极少用信件邮寄方式通知，接受装船通知的一般是进口商或进口商指定的保险公司。

案例解析

锦迪公司从国外进口 20 英尺集装箱塑料粒子，进口提单上注明 FCL-FCL(整装整拆)，装船港神户，卸船港上海。卸船后，收货人与承运人就由谁负责内陆运输并支付内陆拖运费产生争议。承运人的观点是 FCL-FCL 运输，承运人责任、费用终止为进口国集装箱码头堆场；而收货人则认为承运人责任、费用应终止在收货人仓库。请问谁应负责内陆运输呢？为什么？

解析：收货人应负责内陆运输。

首先，FCL-FCL 运输条件条款有以下四点：

(1)出口国码头堆场—进口国码头堆场；

(2)托运人门—进口国码头堆场；

(3)出口国码头堆场—进口国收货人门；

(4)托运人门—收货人门。

上述案件中，承运人认为由收货人承担内陆运输并支付费用，强调的是前两个运输条款。收货人认为由承运人承担内陆运输并支付内陆费用，强调的是后两个运输条款。

其次，尽管 FCL-FCL 有 4 个运输条款，但在确定由谁负责内陆运输、支付费用时，应根据提单是否记载交货地，如提单记载 FCL-FCL，但同时又注明交货地杭州，则自然由承运人负责内陆运输并支付费用。

习题演练

一、不定项选择题

1．航次租船合同中规定，装货时间为 5 晴天工作日（星期天和节假日除外），卸货时间为 4 晴天工作日（星期天和节假日除外）。如果装卸时间单独核算，装货港滞期 2 天、卸货港速遣 2 天，通常情况下（　　）。

A．出租人要支付速遣费给承租人，承租人也要支付滞期费给出租人，但速遣费大于滞期费

B．出租人要支付速遣费给承租人，承租人也要支付滞期费给出租人，滞期费等于速遣费

C．出租人不用支付速遣费给承租人，承租人也不需支付滞期费给出租人，滞期费与速遣费抵消

D．出租人要支付速遣费给承租人，承租人也要支付滞期费给出租人，但滞期费大于速遣费

2．班轮运输的运费应包括（　　）。

A．装卸费，但不计滞期费、速遣费　　B．装卸费，但应计滞期费、速遣费

C．装卸费和滞期费，但不计速遣费　　D．装卸费和速遣费，但不计滞期费

3．班轮运输也称定期船运输，是指班轮公司将船舶按事先制定的船期表在特定航线的各挂靠港口之间，经常地为非特定的众多货主提供规则的、反复的货物运输服务，并按运价成本或协议运价规定计收运费的一种营运方式。与租船运输相比，班轮运输的特点是（　　）。

A．定线、定港、定期和相对稳定的运费费率

B．通常由船方负责货物的装卸，运费中包括装卸费

C．船方与货主之间不规定装卸时间

D．船方与货主之间规定滞期、速遣条款

4．（　　）条款通常会出现在航次租船订租确认书中。

A．运费支付和运费率　　B．租金支付和租金率

C．装卸时间和装卸费用　　D．交船/还船地点

5．在航次租船合同中，（　　）费用由船舶出租人承担。

A．船员工资　　B．港口使用费　　C．船舶燃料费　　D．船用物料

二、判断题

1．如合同中规定装运条款为“2018 年 7 月、8 月装运”，那么我出口公司必须将货物于 7 月、8 月两个月内，每月各装一批。(　　)

2．凡装在同一航次、同一条船上的货物，即使装运时间和装运地点不同，也不做分批装运。(　　)

3．按惯例，速遣费通常为滞期费的一半。(　　)

4．根据《跟单信用证统一惯例》(UCP600)的规定，如果信用证中没有明确规定是否允许分批装运及转船，应理解为允许。(　　)

三、计算题

1．某托运人通过中远集装箱公司承运一票货物(2×20 英尺整箱货)，采用包箱费率，从黄埔港出口到勒哈佛(Le Havre)港。另有货币贬值附加费 10%，燃油附加费 5%。另外，查中国—欧洲集装箱费率表得知：从黄埔港到勒哈佛港，须经香港转船，运费为直达基础上加 150 美元/20 英尺，从黄埔港出口直达费率为 1 550 美元/20 英尺，请计算运费。

2．我公司与外商签订销售合同，出售中国大米 10 000 吨，合同规定：“自 2 月开始，每月装船 1 000 吨，分 10 批交货。”卖方从 2 月开始交货，但交至第 5 批大米时，大米品质霉变，不适合人类食用，因而买方以此为由，主张以后各批均应撤销。在上述情况下买方能否主张这种权利？为什么？

3．我国对澳大利亚出口 1 000 吨大豆，国外开来信用证规定不允许分批装运。结果我们在规定的期限内分别在大连、新港各装 500 吨于同一航次的同一船上，提单也注明了不同的装运地和不同的装船日期。请问：这是否属于违约？银行能否议付？

4．某公司以 CIF 马赛对法国出口冷冻品一批，对方开来的信用证规定，最迟装运期和议付日期均为 10 月 31 日，不准转船。出口方预计中远公司某船于 10 月下旬到港，10 月 29 日开始装船，11 月 2 日才能装完。出口方以保函向船方预借 10 月 31 日已装船提单并于当日送银行议付，经议付行审核无误，即寄送开证行索偿。不料此船装完这批货物后，冷冻机于 11 月 3 日损坏，所以不得不将该批货卸下，由中远公司另行安排船只运输。结果，此事耽误约一个月时间，货物至 11 月 30 日才运出。货到马赛时已超过圣诞节这一旺销季节。客户以实际到货船名与结汇单据船名不符，同时以货物迟交影响市价为由，要求索赔 30 万美元。请问卖方应如何处理？

5．某船于 6 月 5 日星期二 16 点抵达装货港，并于 16 点 40 分递交 N/R。6 月 6 日 8 点开始装货，直至 6 月 12 日 12 点装货完毕，其中 6 月 7 日 0~4 点因下雨停工。该船 6 月 24 日星期四 16 点抵达卸货港，并于 16 点 40 分递交 N/R。6 月 25 日星期五 8 点开始卸货，至 6 月 26 日星期六 20 卸货完毕。合同规定“可用装货时间和卸货时间分别为 3 晴天工作日(星期天和节假日除外)，滞期费率为每天 3 000 美元，速遣费率为每天 1 500 美元。下午递交 N/R，次日 8 点起算装卸时间”。请按装卸时间统筹方法计算滞期费或速遣费。

子情景四　海运集装箱和集装箱运输

学习目标

知识目标

- 具有从事国际集装箱运输业务的基础知识
- 掌握集装箱运输实务应用的基本理论和基本方法
- 理解集装箱运输各环节操作应用的实现过程

能力目标

- 培养学生掌握集装箱运输基本技能及方法，以及分析和解决实际业务问题
- 熟悉集装箱运输惯例
- 具有集装箱运输实务的一般认识能力
- 具有集装箱装箱、交接、运费计算及运输相关单证的具体操作能力

素质目标

- 具有从事集装箱运输行业的职业道德
- 能熟练地运用计算机从事集装箱运输活动中所涉及的交流和协作能力
- 具有继续学习、独立获取新知识的能力
- 具备分析和解决集装箱运输实际问题的基本能力

项目背景

集装箱运输是20世纪50年代以来发展迅猛的一种运输方式，70年代初开始进入我国，随后在我国的一些主要对外口岸迅速发展，是目前最先进的现代化运输方式，具有“安全、迅速、简便、价廉”的特点，有利于减少运输环节，还可以通过综合利用铁路、公路、水路和航空等各种运输方式，进行多式联运，以实现“门到门”运输。集装箱运输一出现，就深受各方面的欢迎，显示了强大的生命力和广阔的发展前景，成为国际贸易中一种主要的运输方式。因此，浙江英卡顿网络科技有限公司的新员工 Allen 觉得自己迫切需要了解集装箱运输的特点和管理方法。

任务实施

步骤1：认识海运集装箱

步骤2：海运集装箱装箱

步骤 3：海运集装箱运费计算

知识铺垫

一、认识海运集装箱

集装箱运输是以集装箱作为运输单位进行货物运输的一种现代化运输方式，它可以适用于水路运输、航空运输、铁路运输、公路运输和国际多式联运。集装箱运输是一种先进的现代化运输组织方式，与传统的件杂货海运相比，集装箱海运运输效率高、经济效益好、服务质量优。

1. 集装箱规格

（1）集装箱应具备的条件。集装箱是一种容器，而且是能反复使用的运输辅助设备。其外形像一个箱子，又可以集装成组货物，故称“集装箱”，又称“货柜”或“货箱”。按国际标准化组织的规定，集装箱应具备以下五个条件。

① 能长期反复使用。

② 途中转运，不动容器内的货物，可直接换装。

③ 能快速装卸，并能从一种运输工具上直接且方便地换装到另一运输工具上。

④ 便于货物的装满和卸空。

⑤ 每个容器具有一立方米（35.32 立方英尺）或以上的容积。

（2）集装箱运输的优点，主要有以下四个方面。

① 提高运输质量，减少货损货差。

② 提高装卸效率，加快车船周转。

③ 节省各项费用，降低货运成本。

④ 节省货物运输的包装，简化货运手续。

国际标准化组织为统一集装箱的规格推荐了三个系列 13 种规格的集装箱，在国际运输中常用的集装箱规格为 20 英尺和 40 英尺两种。目前国际上均以 20 英尺柜作为衡量单位，以标箱 TEU 来表示，意即“相当于 20 英尺单位”。在统计不同型号的集装箱时，按集装箱的长度换算成 20 英尺单位（TEU）加以计算。20 英尺集装箱的载货重量为 17 500 千克；40 英尺集装箱的载货重量为 24 500 千克。20 英尺集装箱的有效容积为 25 立方米；40 英尺集装箱的有效容积为 55 立方米。

2. 集装箱货物的交接方式

集装箱运输的货物有整箱货（FCL）和拼箱货（LCL）两种装箱方式。整箱货是指达到一个集装箱容积的 75%或集装箱负荷重量的 95%的一批货物，可由货方在工厂或仓库将货物装箱后直接运交集装箱堆场（CY），整箱货到达目的地后，送至堆场由收货人提取。拼箱货是指不足整箱货的容积或重量的货载，既需要两批或两批以上同装一箱的货载。拼箱货需送至集装箱货运站（CFS），承运人把不同货主的货物按性质和流向进行拼装，货到目的地后，送至货运站由承运人拆箱分拨给各收货人。

常见的集装箱货物的交接方式有四种。

（1）FCL-FCL（整装整拆）。货主在工厂或仓库把装满货的整箱交给承运人，收货人在目的地以同样整箱接货，换言之，承运人以整箱单位负责交接。货物的装箱和拆箱均由货方负责。这种交接方式效果最好，且最能发挥集装箱的优越性。

（2）FCL-LCL（整装拼拆）。货主在工厂或仓库把装满货的整箱交给承运人，在目的地的集装箱货运站或内陆转运站由承运人负责拆箱后，各收货人凭单接货。

（3）LCL-FCL（拼装整拆）。货主将不足整箱的小票托运货物在集装箱货运站或内陆转运站交给承运人，由承运人分类调整，把同一收货人的货集中拼装成整箱，运到目的地后，承运人以整箱交，收货人以整箱接。

（4）LCL-LCL（拼装拼拆）。货主将不足整箱的小票托运货物在集装箱货运站或内陆转运站交给承运人，由承运人负责拼箱和装箱运到目的地货站或内陆转运站，由承运人负责拆箱，拆箱后收货人凭单接货。货物的装箱和拆箱均由承运人负责。

二、海运集装箱装箱

1．集装箱装箱基本规则

集装箱货物的装箱和海运规则需要遵守 IMO（国际海事组织）和 ILO（国际劳工组织）所制定的规则。与公路运输的装箱不同，海运货物装箱需要考虑船舶在航行过程中可能出现的前后左右的颠簸。避免货物在集装箱内的移动很重要，最好的办法是让货物之间没有空隙，如果空隙无法避免，建议采用空气袋或者是衬垫材料来保证货物的平稳。如果是单件货物装箱，那么必须用捆扎材料将货物固定于集装箱内。

2．集装箱装箱前的检查

在集装箱装箱前应做以下四个方面的检查。

（1）铭牌检查。每个集装箱都有国际集装箱安全运输铭牌，上面标注了关于集装箱的基本信息，如箱号、最大载重等信息。

（2）集装箱外部检查。没有缝隙和破洞，集装箱门能够打开，门锁可用海关封志保持完好无损，集装箱四周没有留下之前货物贴的标志，如危险品标志等。

框架箱——框架箱两端板可以折叠，也可以固定。

开顶箱——顶部的横梁必须完整。

冷藏箱——检查温度设置是否正确，通风口是否正常。

冷冻箱——检查电器设备是否可以使用，制冷风扇是否运转。

（3）集装箱内部检查。检查集装箱防水性，走入集装箱内部，关上集装箱门后，检查是否有光透进集装箱内以确认是否漏水；集装箱内部应该是清洁和干燥的，有任何的冷凝水、霜、冻都应该清除，尘土和气味也应该除掉；集装箱内没有可能刮伤货物的尖锐物；如果货物是装在自备箱（SOC 箱）中，应该检查是否有 CSC 铭牌。

（4）装箱后的检查。货物的包装可以承受运输过程中的压力，货物重量不超过集装箱的最大载重，集装箱内附一张装箱单副本以便海关检查。如果使用木材作为包装和加固材料，应该遵守国家的检验检疫规定，使用免熏蒸的材料或提供熏蒸证书。集装箱门应该关紧并用海关封志锁好；覆盖于货物表面的保护材料，需要用绳子系紧固定；检查危险品货物的包装是否符合规定，并与其他货物隔开；若由于集装箱超载和包装不到位而导致运输事故，保险公司将不会赔偿任何损失。

3. 装箱及加固材料设备

不同的材料用于不同的货物装箱和加固，每种材料各有优缺点。

（1）垫衬材料。装箱前，根据集装箱每平方米的载重确认货物是否能直接放在集装箱底板上。

（2）托盘。各种小型包装货物放置于托盘上并用捆扎带将货物绑紧，便于快速装卸。托盘能有效地将货物重量平均分布到集装箱底部。但缺点是托盘货物中间会有空隙，也不能最大化地利用集装箱内的空间，且托盘造价不低。

（3）防滑材料（橡胶）。橡胶是常用的防滑材料，如废旧的橡胶轮胎片等，可以增加摩擦力，防止货物移动。

（4）木方和木板。根据货物的尺寸重量，可调整大小，木方和木板是最便于调整的衬垫和加固材料。

（5）钢板。钢板用于装载集重货物，能将货物重量均匀分布到整个集装箱底板上。

（6）纤维绳。用来系固较轻的货物。

（7）尼龙绳/绑带。是最常见的捆扎材料，应避免尼龙绳/绑带直接接触锋利的边缘。

（8）钢丝绳，绳夹。钢丝绳也是常见的捆扎材料，常用于捆扎裸装的大件货物。如果是用钢丝绳作为捆扎材料，就需要配套螺旋扣、铰链和绳夹等捆扎用具。

（9）填充材料。为了防止货物移动与集装箱四周的碰撞，货物与集装箱之间使用填充材料能较好地保护货物，常用的填充材料有木条和空气袋。

4. 各类型包装的集装箱装箱技巧

（1）纸箱板条箱和木箱。当集装箱装载纸箱、木箱等货物时，应该将货物平铺到集装箱底板上，而不是将一侧的货物装得很高，另一侧不装货物。如果货物之间不可避免地有缝隙，就需要在货物之间使用填充材料来防止货物移动。均匀分布集装箱内货物的重量，将重货放在集装箱中间，集装箱前后和左右的重量误差尽量不超过 10%。纸箱的包装材料决定货物能堆叠几层，在两层货物中间铺上纸板能有效将货物重量均匀分布到各层。

（2）托盘货物。托盘货物是便于装箱的包装，使用托盘装箱时需要考虑托盘的尺寸大小，以便合理地装载从而节省空间。

（3）桶装货物。确保桶装货物没有泄漏是装箱前的基本要求，桶装货物开口面朝上，每层桶装货物之间垫上垫衬材料，如纸板和木板。桶装货物最理想的装载方式是一般货物的直径等于集装箱的内宽，这样能使货物之间没有缝隙，但如果缝隙不能避免，可以使用填充材料来保证货物不移动。桶装货物建议采用托盘来装运，最重要的保护方式是在集装箱门附近，通常使用木档来防止货物全部倒向靠门的一侧。

（4）袋装货物。错误的装箱处理方式可能导致袋装货物的破损，以及对集装箱门和侧壁造成过大的压力。袋装的货物应该交叉叠放，以形成稳定的结构。

（5）辊状货物及钢卷类货物。如果集装箱用于装载辊子或钢卷类货物，应该充分考虑集装箱每平方米的荷载重量，不要超过上限。

（6）钢板。钢板一般用框架箱来装载。钢板是一种比较棘手的货物，对其他货物和船舶有一定的安全威胁。集装箱底板无法承受太大的重量，钢板之间需要垫上防滑的橡胶垫，用钢带将钢板捆扎到一起，这样就可以当成一件货物来处理了。

（7）车辆。集装箱可以装运多种类型的车辆，但车辆在一些国家被定为危险品，需要遵守特定的运输规则。车辆装在集装箱中时需要断电熄火，并将燃料取出，为防止车辆在集装箱内移动，需要将车辆的四个轮胎固定，在轮胎周边打上木楔防止前后移动，超出集装箱尺寸的车辆需要用框架箱来装运。

（8）液体。液体货物一般装载于集装罐内，货物至少要填满集装罐 80%的体积，避免货物在运输中的剧烈震荡，但装载的货物不能超过集装罐体积的 95%，以避免热胀冷缩对集装罐的影响。除了普通的集装罐，还有特殊的温控集装罐液体货物也能在装载于 IBC 桶等稳定容器中后装载于普通集装箱内。

5. 集装箱的返还（还箱）

集装箱的返还对集装箱有以下要求：干净无异味，底板上没有留下钉子等加固用的残留物，集装箱箱门和侧面没有损坏，没有与货物相关的标牌和文件贴在集装箱上，集装箱的所有结构和零件没有损坏。

三、海运集装箱运费计算

集装箱运输的费用包括内陆或装运港市内运输费、拼箱服务费、堆场服务费、海运运费、集装箱及其设备使用费等。

对于拼箱货（LCL）的运输，运费以运费吨为计算单位，除按传统的杂货等级收取基本运费外，还收取一定的附加费。对于整箱货（FCL）的运输，则以一个集装箱为计算单位，按包箱费率来计算。

案例解析

在现有的班轮航线上，绝大多数冷藏货物的流向是单向的，而干货箱也普遍存在着双向的数量差异。以中国—澳大利亚航线为例，南行（中国至澳大利亚）承运的货物以汽车、日用百货、服装、粮食等为主，轻工业产品居多；而北行（澳大利亚至中国）则以肉类等冷藏货物为主，从而形成了南北向的不平衡，即对于澳大利亚而言，干货箱进口大于出口，而冷藏箱出口大于进口。为解决这种不平衡，船公司必须调运空箱，即南行调运冷藏空箱至澳大利亚，北行调运普通空箱至中国。调运空箱是不得已而为之的，所有的船公司都试图利用有限的舱位装满重箱，取得运费收入，而非“运送空气”。冷箱干用（Non-Operating Reefer，NOR），是指利用正常适货的冷箱，装运非冷藏货物出口的一种特殊业务操作。请问冷箱干用能否有效解决中国—澳大利亚航线空箱调运的问题呢?

解析：冷箱干用可以很好地解决这个矛盾。首先，利用冷藏箱内部固有的装货空间，在不开动制冷设备的情况下，运送无污染的非冷藏货物，船公司可以借此收取南行运费。按目前市场水平，一个 40 英尺冷藏超高箱（40RH），此笔业务的运价为 1 500 美元/40RH（干用）。冷藏箱干用到澳大利亚后，立即拆箱交货，箱子返回堆场检验后，再装冷藏货物北行出口，则可以获得 3 500 美元/40RH 的运费收入。因此，冷箱干用的直接收益为 5 000 美元（1 500 美元+3 500 美元）/40RH。

其次，由于选择了冷箱干用，就可以避免南行冷藏箱的调运，节约的空箱调运成本为 600 美元/40RH。不仅如此，冷箱干用还减少了出口港普通干货箱的使用，从源头上避免了普通干货箱进口澳大利亚再空箱调回中国的成本，每调运一个 40 英尺普通超高箱（40HC）的支出约为 400 美元。冷箱干用间接节约的调箱成本为 1 000 美元（600 美元+400 美元）/40RH。

最后，如果安排冷藏空箱调运至澳大利亚，再装货物出口至中国，仅仅获得了澳大利亚冷箱出口运费 3 500 美元/40RH，还要支付 600 美元/40RH 的空箱调运成本，而且会因使用普通集装箱出口，必须调回普通空箱而产生间接成本 400 美元/40HC。

综合考虑以上三点，在未考虑船舶营运成本时，冷箱干用的整体收益至少为 5 600 美元（5 000 美元+600 美元）/40RH，比单纯调运空箱的方式多 2 700 美元[6 000 美元-（3 500 美元-600 美元）]。所以，选择冷箱干用的效益是非常显著的。

习题演练

一、单项选择题

1．下面（　　）交接方式为整箱货的交接方式。

A．CFS to CFS　　B．CY to CY　　C．CY to CFS　　D．CFS to CY

2．集装箱运输下承运人的责任期限为（　　）。

A．装上船—卸下船　　B．船舷—船舷

C．仓库—仓库　　D．接收货—交付货

3．集装箱拼箱货通常的交接条款为（　　）。

A．CY　　B．CFS　　C．Door　　D．Hook

4．在定期船的集装箱整箱货运输的情况下，通常的交接条款为（　　）。

A．CY　　B．CFS　　C．Door　　D．Hook

5．CY—CY 集装箱运输条款是指（　　）。

A．一个发货人、一个收货人　　B．多个发货人、多个收货人

C．一个发货人、多个收货人　　D．多个发货人、一个收货人

二、判断题

1. 拼箱货运输下，如承运人未按提单记载数量、状况交货，收货人即可向承运人提出赔偿要求。（　　）

2. 集装箱货物交接类型有两种，交接方式有九种。（　　）

3. 集装箱整箱货运输下，承运人只要在箱子外表状况良好、海关关封完整的情况下接货，交货即使箱内货发生灭失或损害，承运人不承担任何赔偿责任。（　　）

4. 拼箱货装箱时，不同形状、不同包装的货物尽可能不装在一起。（　　）

三、简答题

1. 简述集装箱运输的特点。

2. 除货主及其代理人外，集装箱运输的关系人还主要包括哪些?

3. 列举集装箱货物的交接方式（五种以上）。

4. 从货运代理的角度，简述出口货物集装箱运输的流程。

5. 简述集装箱运输的运费构成。

实践操作

实践任务

最低运费吨或最高运费吨运费一般是在货主使用的集装箱是由船公司（或其他类型的运输经营人）提供的，货主自有箱计费方法是按货物等级或不同计费标准条件下采用的。在货主使用自有箱（包括货主自己租的箱子）或由承运人货运站装箱或计算方式采用均一包箱费率（FAK）情况下，一般不实行这种规定。

1. 最低运费吨运费

当货主托运的货物小于箱子的规定运费吨时，船东仍按规定的运费吨收费。此规定的目的是，如果货主所自装货物的重量或体积吨数没有达到规定的要求，船公司则仍按该规定的最低运费吨计算运费，以确保承运人的运费收入和经济利益。最低运费吨可以是重量吨或尺码吨，也可以是占集装箱容积装载能力的一定比例，一般为集装箱箱内容积的60%，如20英尺箱为21.5立方米尺码吨，40英尺箱为43立方米尺码吨。

计算：整箱托运一个20英尺集装箱，内装有10级货的厨具，16吨，18立方米，查知所走航线上10级货的费率为160美元/运费吨，求其运费。（20英尺通用集装箱最低运费吨为：重量吨为17.5吨，尺码吨为21.5立方米）

2. 亏箱运费

当集装箱内所装载的货物总重或体积没能达到规定的最低重量吨或体积吨，而导致集装箱装载能力未被充分利用时，货主将支付亏箱运费。

亏箱运费=不足运费吨×货物费率（箱内所载货物中费率最高者）

不足运费吨=所规定的最低运费吨–实际装载货物运费吨

计算：20 英尺箱内装载货物，重量吨为 13 吨，尺码吨 19 立方米，最低运费吨 21.5 立方米，20 英尺干货集装箱箱内装有：

手工艺品，重量为 5 吨，体积为 7 立方米；

轻工制品，重量为 3 吨，体积为 5 立方米；

树皮，重量为 5 吨，体积为 7 立方米；

查此柜所走航线的费率为：手工艺品 85 美元/运费吨、轻工制品 100 美元/运费吨、树皮 130 美元/运费吨，求亏箱运费。

3. 最高运费吨运费

当货主托运的货物高出箱子的规定运费吨时，船东仍按规定的运费吨收费。其含义是，实际装箱货物的重量或体积吨数超过规定运费吨，承运人仍按该箱子规定的最高运费吨收取运费，超出部分免收运费。此规定的目的主要是鼓励货主使用集装箱装运货物，并能最大限度地利用集装箱的内容积。船公司通常都为各种规格和类型的集装箱规定了一个按集装箱内容积（85%）折算的最高运费吨，如 20 英尺箱为 31 立方米尺码吨；40 英尺箱为 67 立方米尺码吨，最高运费吨一般只适合以体积吨为计算单位的货物。

实行最高运费规定对货主和船方的好处：货主可以根据自己商品的特点，通过改进外包装和合理积载以充分利用箱容，在不超重原则下尽可能多地装载货物以减少运费；船方一方面可以吸引更多的货主整箱托运货物，另一方面在部分货物没有正确衡量、申报情况下仍不少收运费。

[例]一只 40 英尺 HQ 中装有 A、B、C 三种货（同一货主的 FCL 货），分别属于第 5、8、15 级货，查此柜所走航线的费率为：5 级货 85 美元/运费吨，8 级货 100 美元/运费吨，15 级货 130 美元/运费吨，A、B、C 的体积与重量情况如下：

A：体积为 15 立方米，10 吨

B：体积为 20 立方米，9 吨

C：体积为 40 立方米，8 吨

运价本规定 40 英尺最高运费吨为 67 立方米，求运费。

解：运费=67（最高运费吨）×130=8 710（美元）。

计算：某进出口公司委托一国际货运代理企业代办一小桶货物以海运方式出口国外。

货物的重量为 0.5 吨，小桶（圆的）的直径为 0.7 米，桶高为 1 米。货代最后为货主找到一杂货班轮公司实际承运该货物。货代查了船公司的运价本，运价本中对该货物运输航线、港口、运价等的规定为：基本运价是每运费吨支付 100 美元；燃油附加费按基本运费增收 10%（BAF10%）；货币贬值附加费按基本运费增收 10%（CAF10%）；计费标准是“W/M”；起码提单按 1 运费吨计算，作为货运代理人，请计算该批货物的运费并告诉货主以下内容：

（1）货物的运费吨；

（2）该批货物的基本运费；

（3）该批货物的附加运费及总运费。

子情景五　跨境 B2B 头程国际空运

学习目标

知识目标

- 了解国际空运运输方式
- 熟悉国际空运单据的性质和作用

能力目标

- 能够合理选用货物跨境运输方式，通晓具体国际空运方式的操作程序
- 能够熟练掌握国际空运单据的填制

素质目标

- 辨别跨境空运方式
- 熟悉跨境空运单据及条款

项目背景

航空运输是一种现代化的运输方式，与水路运输、铁路运输相比具有运输速度快、货运质量高、安全准时和不受地面条件限制等优点。因此，它适宜运送急需物资、鲜活商品、精密仪器和贵重商品。Allen 在跨境电商运营公司浙江英卡顿网络科技有限公司工作，接触最多的运输方式就是航空运输，很想全面、系统地学习国际空运相关的知识。

任务实施

步骤 1：了解和掌握国际航空运输基础知识

步骤 2：了解和掌握空运操作的基本流程

步骤 3：配合航空运输理论知识，掌握实际操作各环节的业务规范

知识铺垫

一、航空运输的主要方式

1. 班机运输

班机是指在固定时间、固定航线，固定始发站、目的站和途经站运输的飞机，通常为客货混合型飞机，货舱容量较小、运价较高，但由于定时、定航线、定站，有利于客户安

排急需商品或鲜活商品的运送。

2. 包机运输

包机运输是指航空公司按照约定的条件和费率，将整架飞机租给一个或若干个包机人（包机人一般指发货人或航空货运代理公司），从一个或几个航空站装运货物至指定目的站。包机运输分为整架包机和部分包机，具有费率低、运量较大、运送时间比班机长等特点，适用于货量较大的商品。

3. 集中托运

集中托运是指航空货运代理公司把若干批单独发送的货物集中成一批，向航空公司办理托运，填写一份总运单将货物发送到同一目的站，然后由其在目的站的代理人负责收货、报关，并将货物分发给各个实际收货人，这种方式的主要优势是运费低，是航空货运代理的主要业务之一，适用于一般商品。

4. 航空快递

航空快递指快递公司与航空公司合作，由快递公司派专人从发货人处提取货物后，从最快航班将货物出运，飞抵目的站后，由专人接机提货，办妥进关手续后直接送达收货人。航空快递是最为快捷方便的一种运输方式，又称“桌到桌运输”，特别适用于急需的药品、医疗器械、贵重物品，图纸资料、货样及单证等的传递。

二、出口货物航空运输程序

1. 接受发货人的委托，预订舱位

从发货人处取得必要的出口单据，安排运输工具取货或由发货人送货到指定地点，认真核对单证。

2. 申报海关及装运

（1）在海关验收完货物，在报关单上盖验收章后，缮制航空运单。

（2）将收货人提供的货物随行单据装订在运单后面。

（3）将制作好的运单标签贴在每一件货物上。

（4）持缮制完的航空运单到海关报关放行。

（5）将盖有海关放行章的运单与货物一起交予航空公司，航空公司验收单货无误后在交接单上签字。

3. 口岸公司与内地公司出口运输工作的衔接

（1）内地公司提前将要发运货物的品名、件数、毛重及时间要求通知口岸公司。

（2）内地公司将货物按照规定的时间和地点运至口岸；口岸公司设专人承接内地公司运交的货物。

（3）口岸公司负责向航空公司订舱并通知内地公司；内地公司将航班号、运单号打在分运单上，并将分运单交给发货人办理结汇。

三、航空运价的计算

1. 计费标准

航空运输货物的运价是指从起运港至目的港的运价，不包括其他额外费用（如提货、仓储费等）。运价一般是按重量（千克）或体积重量（6 000 立方厘米折合 1 千克）计算的，以两者中的较高者为准。空运货物按一般货物、特种货物和货物的等级规定运价标准。

2. 航空公司运价费用种类

航空公司按国际航空运输协会制定的三个区划费率收取国际航空运费：一区主要指南北美洲、格陵兰等；二区主要指欧洲、非洲、伊朗等；三区主要指亚洲、澳大利亚。

四、航空运单

航空运单（Air Waybill）是由承运人或其授权的代理人出具的，是航空运输中最重要的一个货物单据。它既是承运人承运货物的收据，又是发货人与承运人之间的运输契约，也可作为承运人核收运费的依据和海关查验放行的基本单据。但它不是货物所有权的凭证，不能通过背书转让。收货人提货不是凭航空运单，而是凭航空公司的到货通知单。

航空运单分为主运单和分运单两种，主运单由航空公司签发，分运单由航空货运代理公司签发，两者内容基本相同，法律效力也相同。航空运单包括三份正本、九份副本，三份正本具有同等法律效力，第一份交承运人，第二份随机交收货人，第三份交托运人办理议付或托收。

案例解析

案例一

我国某出口企业按 FCA SHANGHAI AIRPORT 条件向印度 A 进口商出口手表一批，货价 5 万美元，规定交货期为 8 月，自上海空运到孟买；支付条件为买方凭有孟买××银行转交的航空公司空运到货通知即期全额电汇付款。我出口企业于 8 月 31 日将该批手表运到上海虹桥机场交由航空公司收货并出具航空运单，随即用电传向印商发出装运通知。航空公司于 9 月 2 日将该批手表空运到孟买，并将到货通知连同有关发票和航空运单送孟买××银行。该银行立即通知印商前来收取上述到货通知等单据并电汇付款。此时，国际市场手表价格下跌，印商以我方交货延期，拒绝付款和提货。我出口企业则坚持对方必须立即付款和收货，双方争执不下，遂提请仲裁。假如你是仲裁员，你认为谁是谁非，应如何处理？说明理由。

解析：该案例规定交货期为 8 月，我出口企业于 8 月 31 日将该批手表运到上海虹桥机场交由航空公司（承运人）即完成交货。印商以 9 月 2 日到货时间为交货期，与 FCA 术语规定相矛盾，因此我出口企业是对的。这个案例的关键之处在于“8 月交货”和 8 月 31 日交货是否可以被认为在 8 月。在这里仅看中文是不够的，还要看英文合同是如何用词的。如果英文合同条款明确 8 月交到承运人，没有其他时间限制，那么只要承运人在 8 月 31 日或之前签字的运单都是符合合同规定的；如果英文合同规定货物必须在 8 月交到目的地，那么就必须使货物在 8 月 31 日或者之前到达孟买，合同的明文规定比贸易术语货交承运人即完成交货的约束力大，因而在 9 月 2 日由承运人通知进口商到货就违反了合同规定。

案例二

某货主托运宠物狗，自上海至伦敦，毛重 30 千克，体积为 65 厘米 × 65 厘米 × 55 厘米，运费报价表，如表 1-3 所示。

表 1-3　运费报价表

SHANGHAI	CN		PVG
Y.RENINGBI	CNY		KGS
LONDON	GBP	M	320.00
		N	61.65
		45	50.22

（假设活动物运价规则为：Normal GCR，所有运费预付）

（1）货主在进行航空运输装运前应做哪些工作？

（2）货物的计费重量是多少？

（3）航空运费为多少？

（4）动物容器外应贴挂哪些标志？

解析：（1）填写托运书、备齐所有证明文件、报关。

（2）该货物的体积吨=（65 × 65 × 55）/6 000=38.7（千克）≈39.0（千克），大于货物重量吨，故货物计费重量应为 39.0 千克。

（3）由于运价规则为 Normal GCR，表明不考虑较高重量点的较低运价，则运费=39.0 × 61.65 × 100%=2 404.35（元）。

（4）运输标签、活动物标志、向上标志。

案例三

一票从上海运往泰国的整套流水线机器，货运单号为 777-89783442，由于机器比较庞大，用了 6 个箱子，每件重量 60 千克，整套机器的价值为 6 000 美元，无申明价值，在终点站接货时，发现一个箱子开裂，经检验，这个箱子的机器已完全受损，其他 5 个箱子完好。航空公司应如何赔偿？

解析：此批货物属于国际运输，根据《华沙公约》第二十二条第二款（B）：“如交运的行李或货物的一部分或者货物中任何物件发生遗失、损坏或者延误，以致影响同一份货运单所列的另一包装件或者其他包装件的价值时，在确定责任限额时，另一包装件的总重量也应当考虑在内。”6 件箱子的货物都受到影响，无法使用，必须按照整票货物来赔。

总重：6 × 60=360（千克）。按照每千克 20 美元，20 × 360=7 200（美元）。

由于 7 200 美元大于实际价值，因此航空公司应赔偿 6 000 美元。

案例四

一票航空运输的货物，从新加坡经北京中转到天津，运输的是机器设备，货运单号为 555-89783442（起运港：新加坡；目的港：天津），3 件货物重 178 千克，计费重量共 206 千克，从新加坡运往北京采用的是飞机，在从北京转运天津时使用卡车，但在高速公路上不幸发生车祸，设备全部损坏，航空公司是否应赔偿？理由何在？如果赔偿，应赔偿多少？

解析：首先，航空公司应该赔偿。

其次，此批货物属于国际运输，根据《华沙公约》第十八条第一款：“对于交运的行李或货物因毁灭、遗失或损坏而产生的损失，如果造成这种损失的事故发生在航空运输期间，承运人应负责任。航空运输，包括行李或货物在承运人保管的期间，不论在航空站内、在航空器上或在航空站外降停的任何地点。”此票货物的损害虽然是在公路上发生的，但是仍在承运人的保管期间内。

最后，航空公司应赔偿 20 × 178=3 560（美元）。

案例五

一票从北京运往伦敦的机器配件，在巴黎中转，货运单号为 666-33783442，4 件，每件 25 千克，当在巴黎中转时，由于临时出现问题，发货人向航空公司提出停止运输，且返回北京。

（1）发货人的请求是否可以得到航空公司的许可？为什么？

（2）返回的机器配件的运费由谁来支付？

解析：（1）发货人的请求可以得到航空公司的许可。根据《华沙公约》：“托运人在履行运输合同所规定的一切义务的条件下，有权在始发地航空站或目的地航空站将货物退回，或在途中经停时中止运输，或在目的地或运输途中交给非航空货运单上所指定的收货人，或要求将货物退回始发地航空站，但不得因行使这种权利而使承运人或其他托运人遭受损失，并应偿付由此产生的一切费用。”

（2）返回的机器配件的运费由托运人来支付。

案例六

某货主托运下列物品自上海至西雅图，货物品名及有关资料如下：一件 38.5 千克景德镇瓷器，运输声明价值 320 000 元人民币；一件纺织品，可使用 SCR “2211”代号；一面大型文艺演出用的鼓；两箱儿童读物。

（1）上述货物至少需要几张货运单？

（2）瓷器的航空运费是多少？

运价资料表如表 1-4 所示。

表 1-4　运价资料表

SHANGHAI	CN		SHA
Y.RENMINBI	CNY		KGS
KUL	RM	M	420.00
		N	51.69
		45	38.71

（汇率：1 美元 = 6.8680 元人民币）

（3）鼓的直径为 180 厘米，高 150 厘米，则体积重量为多少？

（4）哪些货物的计费运价低于 GCR？

（5）由于承运人原因，使景德镇瓷器丢失，则承运人的赔偿限额为多少？

解析：（1）声明价值的瓷器应单独使用一张货运单，由此最少需要两张货运单。

（2）首先计算运费，该货物声明价值毛重每千克超过 1 000 美元，故为贵重货物。其运价应为 GCR 的 200%。由于该货物计费重量应为 38.5 千克，因此运价=38.5 × 51.69 × 200%=3 980.13（元人民币）。其次计算声明价值费，即声明价值费=（320 000−38.5 × 20 × 6.868 0）× 0.5%=1 573.56（元人民币），故二者之和为 5 553.69 元人民币。

（3）计算货物体积时，均应以最长、最宽、最高三边的长度计算，即鼓的体积重量=（180 × 180 × 150）/6 000=810.00（厘米）。

（4）儿童读物属于书报杂志类货物，故该等级货物的运价比 GCR 低；纺织品属于指定商品货物，因而运价也低于 GCR。

（5）在有声明价值时，应按声明价值赔偿，承运人的赔偿限额为 320 000 元人民币。

习题演练

一、航空术语翻译题

1．IATA

2．CONSOLIDATOR

3．TACT

4．GMT

5．MAIN/LOWER/UPPER DECK

6．SLI

7．AWB

8．MWB

9．HWB

10．GCR

11．SCR

12．CCR
13．ULD
14．MIXED CONSIGNMENTS
15．CONSTRUCTION RATE
16．DOCUMENTATION CHARGES
17．ACTUAL GROSS WEIGHT
18．VOLUME WEIGHT
19．CHARGEABLE WEIGHT
20．MINIMUM CHARGE
21．MORE SPECIFIC DESCRIPTION
22．LESS SPECIFIC DESCRIPTION
23．NVD
24．PERSONAL EFFECTS
25．DGR
26．M
27．N
28．Q
29．CRS
30．AIR COURIER
31．POD

二、判断题

1．托运人在航空货运单上的签字，证明其接受航空货运单正本背面的运输条件和契约。(　　)

2．国际航空运输协会（IATA）的目标主要是调解有关商业飞行方面的一些法律问题，简化和加速国际航线的客货运输。(　　)

3.《华沙公约》的“无过失责任”指的是托运人必须证明航空公司一方有过失。(　　)

4．蔬菜可与鲜花、植物放在同一飞机货舱内运输。(　　)

5．在航空运输中，托运人交运鲜活易腐货物时，应书面提出在运输中需要注意的事项及允许的最长运输时间。(　　)

6．带土的树种或植物苗等不得用麻袋、草包、草绳包装，应用塑料袋包装。(　　)

7．在国际航空货物运输中，根据《华沙公约》的规定，托运人必须举证航空公司的过失，才能获得赔偿。(　　)

8．在国际航空货物运输中，MCO 只能用于作为货物运输行李的运费。(　　)

9．航空货运代理签发分运单给托运人，表明航空货运代理是航空公司的代理人，代理航空公司安排航空运输事宜。(　　)

10．航空货运代理公司的职能是作为航空公司的代理接收货物，出具航空公司的主运单和自己的分运单。(　　)

11．飞机的飞行时速都在每小时 600 千米到 800 千米，比其他交通工具快很多。(　　)

12．集装箱不属于运输设备。(　　)

13．每票货物是指使用同一份航空货运单的货物。(　　)

14．登记货物运价用字母 S 表示。(　　)

15．等级货物运价用字母 S 或者 R 表示。(　　)

三、简答题

1．变更运输的范围有哪些？

2．在空运危险品业务中，当该危险货物需要附托运人危险品申报单时，该危险品申报单的填制应注意哪些问题？

3．什么是包机运输？

4．什么是托运书？

5．简述航空货运单的含义。

四、计算题

1．计算普通货物运价

路线：上海虹桥—巴拉圭

物品：工具箱 40

毛重：280 千克

规格：共 10 箱，每箱大小为 40 厘米×40 厘米×40 厘米

2．计算指定商品运价

路线：迪拜—爱丁堡

物品：地毯

毛重：4 件，共 430.0 千克

规格：共 4 件，每件大小为 81 厘米×72 厘米×63 厘米

运价资料表如表 1-5 所示。

表 1-5　运价资料表

DUBAI	UAE		DXB
UAE DIRHAM	AED		KGS
EDINBURGH	GBP	M	190.00
		N	31.45
		45	23.75
		100	14.40

续表

DUBAI	UAE		DXB
		500	11.53
	2 199	250	10.55
	2 199	500	9.05
	2 865	500	10.00

（根据 TACT2.4，2199 为纱、线等纺织品，2865 则为地毯等）

3．有两批货物由上海经空运出口新加坡，第一批计费重量 150 千克，第二批计费重量 80 千克。有关运价资料如下：

N：22.71 元/千克

C：18.8 元/千克，起码重量 100 千克

分别计算两批货物的航空运费。

4．由上海到荷兰空运一批货物，其毛重为 38.6 千克，尺寸为 101 厘米×58 厘米×32 厘米，请根据运价资料表（见表 1-6）计算该批货物的运费。

表 1-6　运价资料表

SHANGHAI	CN		PVG
Y.RENMINBI	CNY		KGS
AMSTERDAM	EUR	M	320.00
		N	50.22
		45	41.53
		300	37.52

5．某公司向国外空运一批货物，托运人声明的货物价值为人民币 12 000 元，实际重量为 30 千克，求该批货物的声明价值附加费。

实践操作

实践任务

1. 时差及飞行时间计算

1 月 6 日上午 9 点 10 分，从赞比亚首都卢萨卡（LUN）起飞，飞机于 1 月 7 日 14 点 50 分到达香港（HKG）。卢萨卡在东 2 区，香港在东 8 区，总飞行时长是多少？

2. 计算该票货物的航空运费

路线：中国北京（BJS）—日本东京（TYO）

物品：机械装置

毛重：2 件，每件 18.9 千克

规格：共 2 件，每件大小为 70 厘米×47 厘米×35 厘米

公布运价表，如表 1-7 所示。

表 1-7 运价表

BEIJING	CN		
Y.RENMINBI	CNY		
TOKYO	JP	M	230.00
		N	37.51
		45	28.13

3. 计算该票货物的航空运费

路线：中国北京（BJS）—美国波兰特（PDA）

物品：纤维制品

毛重：22 件，每件 70.5 千克

规格：共 22 件，82 厘米×68 厘米×52 厘米

公布运价表，如表 1-8 所示。

表 1-8 运价表

BEIJING		CN		BJS
Y.RENMINBI		CYN		KGS
PORTLAND		U.S.A	M	420.00
			N	59.61
			45	45.68
			100	41.81
			300	38.79
		2 211	300	27.29
		2 211	1 500	25.49

子情景六 跨境 B2B 国际铁路运输

学习目标

知识目标

- 了解国际铁路运输的特点和作用
- 了解国际铁路货物联运的特点和优势
- 了解国际铁路货物联运的工作流程

能力目标

- 能核算国际铁路货物运费
- 掌握国际铁路货物运费的计算
- 掌握国际铁路货物联运运单的填制

素质目标

- 具备组织国际铁路运输的能力素质

项目背景

浙江英卡顿网络科技有限公司是一家从事跨境贸易的电子商务公司，目前在公司的一笔出口业务中，计划将 10 000 包商品从杭州运往俄罗斯西伯利亚地区，新员工 Allen 在思考用哪种运输方式更经济、更安全。

任务实施

步骤 1：分析可能涉及的运输方式，考虑运费支付和风险问题

步骤 2：确定采用铁路联运的方式进行运输

知识铺垫

一、铁路运输的特点

铁路是国民经济的大动脉，铁路运输是现代化运输业的主要运输方式之一。与其他运输方式相比，铁路运输主要具有以下特点。

（1）铁路运输的准确性和连续性强。铁路运输几乎不受气候影响，一年四季可以不分昼夜地进行定期、有规律、准确的运转。

（2）铁路运输速度比较快。铁路货运速度远远高于水路运输。

（3）运输量比较大。铁路一列货物列车的运量远远高于航空运输和汽车运输。

（4）铁路运输成本较低。铁路运输费比汽车运输运费低很多。

（5）铁路运输安全可靠，其风险远比水路运输小。

铁路运输也有一定的缺点：铁路建设初期投资大，铁路运输需要铺设轨道、建造桥梁和隧道，建路工程艰巨复杂；需要消耗大量的钢材、木材；占用土地，其初期投资大大超过其他运输方式。

二、铁路运输的种类

铁路运输可以分为国际铁路货物联运、国内铁路货物运输。

1. 国际铁路货物联运

国际铁路货物联运是指使用一份统一的国际联运票据，由铁路负责经过两个或两个以上国家的全程运输，并在一国铁路向另一国铁路移交货物时，不需要发货人和收货人参加。我国通往欧洲的国际铁路联运线有两条：一条是利用俄罗斯的西伯利亚大陆桥贯通中东、欧洲各国；另一条是由江苏连云港经新疆与哈萨克斯坦铁路连接，贯通俄罗斯、波兰、德国至荷兰鹿特丹。

通过国际铁路货物联运出口货物的一般程序如下。

（1）托运与承运。发货人在托运货物时，向车站提交货物运单和运单副本，车站接到运单后，审核通过，即交给签证车站在运单上签证表示受理托运。发货人按指定的日期将货物运到指定的货位，装车完毕，车站在货物运单上加盖承运日期，即为承运。

（2）发运。即货物进站、清车、拨车、装车、加固和密封。

（3）取得运单和运单副本。运单是发收货人与铁路之间的运输契约，运单副本是贸易双方结算货款的依据。二者不能互相替代。

国际铁路联运货物运费主要是依据《国际货协统一过境运价规程》（以下简称《统一货价》）和《铁路货物运价规则》进行计算的。运费计算的原则为：发送国和到达国铁路的运费，均按铁路所在国家的国内规章办理；过境国铁路的运费，均按承运当日《统一货价》规定计算，由发货人或收货人支付；如为由参加《国际货协》的国家向未参加《国际货协》的国家之间运送货物，则有关未参加《国际货协》国家铁路的运费，可按其所参加的另一种联运协定计算；我国出口的联运货物，交货条件一般均规定在卖方车辆上交货，因此我方仅负责至出口国境站一段的运送费用。但联运进口货物，则要负担过境运送费用和我国铁路段的费用。

值得注意的是，托运人向铁路托运一批货物的重量、体积或形状需要一辆及以上货车运输的货物，应按整车运输的方式向铁路（承运人）办理托运手续。根据我国《铁路货物运输规程》的有关规定，下列货物限按整车办理：需要冷藏、保温或加温运输的货物；规定限按整车办理的危险货物；易于污染其他货物的污秽品（如未经消毒处理或未使用密封不漏包装的牲骨、湿毛皮、粪便、炭黑等）；不易计算件数的货物；蜜蜂；未装容器的活动物（铁路局定有管内按零担运输的办法者除外）；一批货物重量超过吨、体积超过立方米或长度超过米的货物等。

所谓零担货物，是指一张货物运单（一批）托运的货物重量或容积不足一车的货物。而一批货物的重量或容积不满一辆货车时，可与其他几批甚至上百批货物共用一辆货车装运时，则按零担办理。根据我国《铁路货物运输规程》的有关规定，按零担托运的货物有：一种货物体积最小不得小于 0.02 立方米，单件重量在 10 千克以上的除外），每批货物不得超过 300 件，这是为了防止化整车货物为零担货物运输。

另外，中欧班列和“义新欧”铁路的运营情况如下。

（1）中欧班列。中欧班列是指按照固定车次、线路等条件开行，往来于中国与欧洲及“一带一路”沿线各国的集装箱国际铁路联运班列。铺划了西中东 3 条通道中欧班列运行线：

西部通道由我国中西部经阿拉山口（霍尔果斯）出境；中部通道由我国华北地区经二连浩特出境；东部通道由我国东南部沿海地区经满洲里（绥芬河）出境。

① 发展历程。2014 年 8 月 1 日，2014 年第 100 列中欧班列从郑州圃田集装箱中心站开出，前往德国汉堡。自 2011 年 3 月 19 日，首列中欧班列（重庆—杜伊斯堡，渝新欧国际铁路）成功开行以来，成都、郑州、武汉、苏州、广州等城市也陆续开行了去往欧洲的集装箱班列，截至 2014 年 8 月 1 日，国内各地开往欧洲集装箱班列共计开行 239 列，其中 2014 年已经开行 100 列。

中欧班列自 2013 年 7 月 18 日开行如今，累计开行近 300 班。其中，2015 年开行 156 班，总货值 7.21 亿美元，总货重 6.28 万吨，辐射全国 3/4 的地域，境外覆盖 20 个国家 108 个城市，各项综合指标持续位居全国前列。2016 年，中欧班列计划总共开行 200 列，下货点扩大到 20 个，实现每周去程三班、回程三班。

2017 年 5 月 13 日，2017 年第 1000 列中欧班列（X8024 次，义乌—马德里）满载小商品、服装等货物从义乌西站鸣笛驶出。中国铁路总公司统计显示，2017 年中欧班列开行数量较上一年同期增加 612 列，增长 158%。

② 中欧班列的三条通道及开行情况。中欧班列是指中国开往欧洲的快速货物班列，适合装运集装箱的货运编组列车。中欧班列运行线的班列开行情况如下。

中欧班列（重庆—杜伊斯堡）从重庆团结村站始发，由阿拉山口出境，途经哈萨克斯坦、俄罗斯、白俄罗斯、波兰至德国杜伊斯堡站，全程约 11 000 千米，运行时间约 15 天。货源主要是本地生产的 IT 产品，2014 年已开始吸引周边地区出口至欧洲的其他货源。首列于 2011 年 3 月 19 日开行，截至 2016 年 6 月，据国家海关统计，重庆市开出的渝新欧班列班次数量占全国中欧班列数量的 45%左右，其货值占所有从新疆阿拉山口出境的中欧班列货值总量的 85%。2017 年 3 月 23 日，中欧班列（重庆—杜伊斯堡）开行 6 年后突破 1 000 列，成为中国首个突破千列的中欧班列。

中欧班列（成都—罗兹）从成都城厢站始发，由阿拉山口出境，途经哈萨克斯坦、俄罗斯、白俄罗斯，至波兰罗兹站，全程 9 965 千米，运行时间约 14 天。货源主要是本地生产的 IT 产品及其他出口货物。首列于 2013 年 4 月 26 日开行，截至 2014 年 8 月 1 日，共开行 58 列，其中 2014 年开行 26 列。

中欧班列（郑州—汉堡）从郑州圃田站始发，由阿拉山口出境，途经哈萨克斯坦、俄罗斯、白俄罗斯、波兰至德国汉堡站，全程 10 245 千米，运行时间约 15 天。货源主要来自河南、山东、浙江、福建等中东部省市。货品种类包括轮胎、高档服装、文体用品、工艺品等。首列于 2013 年 7 月 18 日开行，截至 2014 年 12 月 17 日，已累计开行 92 班，累计承运货物 4.26 万吨，货值总计约 4.55 亿美元。其中，2014 年承运货物 3.37 万吨，货值累计 4.05 亿美元。

中欧班列（苏州—华沙）从苏州始发，由满洲里出境，途经俄罗斯、白俄罗斯至波兰华沙站，全程 11 200 千米，运行时间约 15 天。货源为苏州本地及周边的笔记本电脑、平板电脑、液晶显示屏、硬盘、芯片等 IT 产品。首列于 2013 年 9 月 29 日开行，截至 2014

年 8 月 1 日，共开行 16 列，其中 2014 年开行 15 列。

中欧班列（武汉—捷克、波兰）从武汉吴家山站始发，由经阿拉山口出境，途经哈萨克斯坦、俄罗斯、白俄罗斯到达波兰、捷克斯洛伐克等国家的相关城市，全程 10 700 千米左右，运行时间约 15 天。货源主要是武汉生产的笔记本电脑等消费电子产品，以及周边地区的其他货物。首列于 2012 年 10 月 24 日开行，截至 2014 年 8 月 1 日，共开行 10 列，其中 2014 年开行 9 列。

中欧班列（长沙—杜伊斯堡）始发站在长沙霞凝货场，具体实行“一主两辅”运行路线。“一主”为长沙至德国杜伊斯堡，通过新疆阿拉山口出境，途经哈萨克斯坦、俄罗斯、白俄罗斯、波兰、德国，全程 11 808 千米，运行时间 18 天，2012 年 10 月 30 日首发。“两辅”一条经新疆霍尔果斯出境，最终抵达乌兹别克斯坦的塔什干，全程 6 146 千米，运行时间 11 天；“两辅”另一条经二连浩特（或满洲里）出境后，到达俄罗斯莫斯科，全程 8 047 千米（或 10 090 千米），运行时间 13 天（或 15 天）。

中欧班列（义乌—马德里）自义乌铁路西站始发，作为铁路中欧班列的重要组成部分，中欧班列（义乌—马德里）的首发线路，将贯穿新丝绸之路经济带，从义乌铁路西站到西班牙马德里，通过新疆阿拉山口口岸出境，途经哈萨克斯坦、俄罗斯、白俄罗斯、波兰、德国、法国、西班牙，全程 13 052 千米，运行时间约 21 天。首趟中欧班列（义乌—马德里）有 41 节列车，运载 82 个标准集装箱出口，全长 550 多米，于 2014 年 11 月 18 日上午 11 点多首发，是当前中国史上行程最长、途经城市和国家最多、境外铁路换轨次数最多的火车专列。

中欧班列（哈尔滨—俄罗斯）2015 年 2 月 28 日，一列满载石油勘探设备的集装箱货运班列从哈尔滨香坊火车站开出，10 天后到达俄罗斯中部比克良火车站。这标志着中国最北省份黑龙江省首趟中欧班列正式上线运营，这成为深化对俄全方位交流合作，带动黑龙江沿边开放升级的新引擎。

班列全程运行 6 578 千米，经滨洲铁路 1 004 千米到达满洲里出境，再经俄罗斯西伯利亚大铁路 5 574 千米到达比克良站。通过铁路国际货物班列运输货物，黑龙江省到达俄罗斯中部地区比空运可节省运费 3/4 左右，较普通零散运输，运到时间可缩短 2/3 以上，运费可节省 25%以上。

中欧班列（哈尔滨—汉堡）2015 年 5 月 25 日上午，哈欧国际物流有限公司筹备大会召开。为实现黑龙江省委在经济工作会议上提出“利用满洲里至绥芬河铁路通道，打造一条起自黑龙江通达俄罗斯和欧洲腹地的新‘丝绸之路’”的目标，黑龙江省引进北京长久国际物流公司、美国 UTI 国际物流集团、大连港集团与哈尔滨铁路局共同合作开通哈欧班列。哈欧班列东起哈尔滨，经满洲里、俄罗斯后贝加尔到赤塔，转入俄罗斯西伯利亚大铁路，经俄罗斯的叶卡捷琳堡和莫斯科到波兰的马拉舍维奇至终点德国汉堡，全程 9 820 千米。凭借“距离近、速度快、成本低”的优势，哈欧班列已经受到国际关注。德国大汉堡地区、巴伐利亚州、下萨克森州政府都希望与哈欧公司合作。法国、瑞士等国家的铁路运营公司也表示愿意就哈欧班列欧洲延伸段开展合作。

冀欧班列（保定—白俄罗斯明斯克）2016 年 4 月 26 日上午首发，是国内首列开往中白工业园的货运班列，也是华北地区第一条直达欧洲的陆运通道。从保定始发，由满洲里出境，途经俄罗斯，最后抵达白俄罗斯明斯克，全程约 9 500 千米，用时 12~14 天。货源主要来自京津冀地区，货品种类包括塑料制品、汽车及配件、橡胶及其制品、服装皮革毛皮制品、日用电器、有机玻璃制品、毛巾等日常生活用品等。首趟冀欧班列（保定—白俄罗斯明斯克）运载 41 个标准集装箱出口。

中欧班列（西宁—安特卫普）2016 年 9 月 8 日上午，青藏高原首趟中欧班列从青海省西宁市双寨铁路物流中心发出，前往位于比利时的欧洲第二大集装箱港口安特卫普，运行全程约需 12 天，主要运输藏毯、枸杞等青海当地的特色产品。

中欧班列（广州—莫斯科）2016 年 8 月 29 日开通，从广州大朗站始发，由经满洲里出境，直达莫斯科。全程 11 500 千米，用时 15 天到达目的地。现每周准时发运，为珠三角地区的中欧对外贸易商提供了更加便捷稳定的运输通道，同时弥补了华南地区电子类、日用商品类出口贸易在运输时效上的不足，为中国商品出口欧洲、欧洲产品进入中国开辟一条安全、高效、便捷的国际进出口贸易绿色通道。

中欧班列（青岛—莫斯科）2017 年 6 月 24 日，在青岛海关监管下，装载 41 个集装箱的班列从青岛多式联运海关监管中心出发，经满洲里出境，直达莫斯科，这标志着中欧班列（青岛）正式开通。集装箱内装有青岛当地的机械装备、轮胎橡胶、家电等货物。班列全程 7 900 千米，运行时间约 22 天，比海运节省约 30 天。青岛胶州建有全国沿海首家多式联运海关监管中心，在海关等口岸单位推动下，已开通中亚、中蒙等国际班列。随着中欧（青岛）班列的开通及线路的延伸，北达俄蒙、南连东盟、东至日韩、西到欧洲的国际物流通道网络逐步形成。

（2）“义新欧”铁路。“义新欧”中欧班列于 2014 年 11 月 18 日从中国义乌出发，经新疆阿拉山口口岸出境，途经哈萨克斯坦、俄罗斯、白俄罗斯、波兰、德国、法国，历时 21 天，最终抵达西班牙马德里。这条铁路线全长 13 000 多千米，是目前所有中欧班列中最长的一条。

① 发展历程。2014 年 7 月 1 日，“义新欧”正式纳入中国铁路总公司的中欧班列的序列，目的地暂时为中亚五国，8 月、9 月将试运行到欧洲。古丝绸之路打开了中国与西方国家贸易往来的大门。义乌拥有全球最大的小商品市场，被誉为新丝绸之路的起点，有源源不断的小商品运往中亚五国。2013 年，义乌出口中亚五国 6 723 万美元，同比增长 50.87%，义乌海关监管中亚五国的集装箱量由 2012 年的 52 标箱爆发式的增长至 2013 年的 618 标箱。

据悉，“义新欧”在 2015 年 1 月 20 日首发了第一个专列，截至目前共发送 1 170 个标箱。之前也有根据客户需要发的成组的班列，但因为没有纳入序列，所以发车时间断断续续。

“义新欧”纳入序列后，意味着发车时间就固定了，今后按每周一列的计划发送，同时视货量增长情况适时增加发运密度，出口成绩单还会飘红。义乌小商品在新疆的阿拉山口转关后，第一站就会到达哈萨克斯坦的阿拉木图，随后再分拨中亚其他国家和俄罗斯。由于提速至 120 码，从义乌到达阿拉山口的运行时间将不超过 5 天，比以往减少 3~4 天。同时，海关也将入驻，全面实行现场施封、验放等通关服务，以提高通关效率。另外，由于走铁路，省去了以往通过浙江省宁波、上海走海运再到俄罗斯符拉迪沃斯托克转运的环节，运输成本减少了 1/3。

据义乌市委宣传部消息：于 2015 年 2 月 22 日上午，从西班牙马德里发出的首趟“义新欧”中欧班列（马德里—义乌）国际铁路集装箱班列，载有 64 个标准集装箱，在经过 24 天、途经 7 个国家的长途跋涉后，抵达义乌，将成为义乌海关羊年首批通关的进口货物。这是“义新欧”国际铁路联运大通道运行以来，开行的首趟回程班列。它不仅运来了丰富的西班牙商品，更带来了来自马德里的新春贺礼和新年祝福。

义乌小商品在中亚五国、俄罗斯有了名气。“义新欧”铁路开通后，将进一步发挥义乌作为货源大市的优势，为国务院批复义乌的国际贸易综合改革试点提供物流支持。线路的运营方义乌市天盟实业有限公司董事长冯旭斌认为，“义新欧”纳入序列也意味着义乌出口中亚五国的货运量稳定，沿线国家对义乌的商品采购已经成为习惯。

今年八九月份，“义新欧”还会试运行到欧洲等国，像德国与波兰两国已被纳入考虑范围。据不完全统计，中国有郑欧、蓉欧、苏满欧、渝新欧等班列借陆出境，对接中国与欧洲进行贸易活动。

② 优势。与其他“中欧班列”相比，“义新欧”创下了五个“最”。

一是运输线路最长。比原来线路最长的“苏满欧”班列（全程 11 200 千米）长 1 850 千米，是所有中欧班列中最长的一条。

二是途经国家最多。除了中国、哈萨克斯坦、俄罗斯、白俄罗斯、波兰、德国，还增加了法国、西班牙，共计 8 个国家，几乎横贯整个欧亚大陆。

三是国内穿过省份最多。从浙江出发横贯东西，经过安徽、河南、陕西、甘肃，在新疆阿拉山口口岸出境，共计 6 个省（自治区）。

四是境外铁路换轨次数最多。其他“中欧班列”在哈萨克斯坦、波兰两次换轨，“义新欧”中欧班列（义乌—马德里）还需在法国与西班牙交界的伊伦进行第三次换轨。

五是最早开通中欧班列的县级城市。与第一批列入“中欧班列”序列的重庆、成都、郑州、武汉、苏州城市相比，义乌是一个开通中欧班列的县级城市。

上述班列开行初期，各地政府通过补贴等措施培育市场，为保证班列稳定开行、树立中国至欧洲铁路国际联运品牌和“一带一路”倡仪实施提供了有力支撑。

2. 国内铁路货物运输

本书此部分重点介绍内地与港澳地区铁路货物运输。

（1）内地与港澳地区铁路货物运输的特点。

① 对港澳地区运输的特殊性。首先，是商品结构的特殊性，在内地与港澳地区的铁路运量中，鲜活商品运量约占深圳过轨车辆总运量的 50%。鲜活货物运输有着特殊要求，如运送速度要求快，发车要均衡，质量要求高，使用特种车辆，途中作业环节多。

其次，是贸易方式的特殊性，对港澳地区的贸易方式既不同于易货贸易，也与一般现汇贸易有所区别。有相当数量的货物，特别是鲜活商品，是由我驻港机构根据香港市场的需求情况和市场的变化，随时进行调节的，并在内地各发运站之间分配一定的配额而均匀发运，反映在运输上必然是计划多变，力争做到数量上不多不少，时间上不早不晚，要求做到“优质、适量、均衡、及时”供应市场。这就比对一般外贸出口的国际铁路货物联运要求高。

最后，是运送方式的特殊性，对港澳地区的铁路运输既不同于一般国际铁路货物联运，也不同于单纯的国内铁路货物运输，而是一种特定的方式。国际联运一般是以联运运单为运输契约，以联运运单副本作为结汇凭证，铁路作为承运人负责全程运输的。对港运输则是按国内铁路运输办理托运，填写国内铁路运单，办理发货地至深圳北站的国内段运送，以深圳可办理对港运输的货运代理人为收货人，而发货人在运单中必须注明，由深圳的货运代理人再办理深圳至香港九龙的运输，而且由深圳的可办理该项业务的货运代理人签发“承运货物收据”作为发货人的结汇凭证。

② 对港澳地区铁路货物运输管理和办理的特点。

第一，运输组织管理的特点。内地与港澳地区铁路货物运输组织除应遵照铁道部和香港九广铁路公司的运输管理的相关规定外，还应符合我国对外经济贸易合作部等部委制定的有关对外贸易运输规定的要求。例如，1991 年 3 月 28 日对外贸易部发布的《对外贸易部、铁道部关于利用从九龙回空车装运货物的暂行方法》《对外经济贸易部关于加强管理，做好供应香港货物铁路工作的通知》等。

第二，货物运输办理的特点。内地与港澳地区铁路货物运输的全过程由两部分组成，即内陆段铁路运输和香港段铁路运输。长期以来，内陆铁路与香港铁路不办理直达联运，因此，形成了现行的方式。内地发站与国内铁路货物运输办理至深圳北站，深圳的货运代理人作为内地发货人委托的代理人与铁路办理租车手续，并付给租车费，然后租车过轨去香港。货车过轨后，由香港的货运代理人在香港段重新起票托运至九龙。由此可见，对香港地区的铁路运输是租车方式两票运输。由于国内运单不能作为发货人对外结汇的凭证，而只有深圳的货运代理人作为办理全程运输的承运人向发货人签发的“承运货物收据”才能向银行办理结汇，这样不仅在办理铁路货物运输的程序上形成了其独特性，在代理关系上也形成了与其他运输方式的不同。

内地与香港的铁路货物运输的集装箱货物在办理运输时，却是在指定办理站之间“一票直达”，与普通货物的“租车方式”形成了“两种方式并存，各行其道”的特点。内地与澳门之间因目前无铁路直接相通，内地运往澳门的货物，需先从发站与铁路办理国内段的铁路运输至广州地区的货运站中转至澳门。零担和整车货物到站为广州南站，危险品到站为吉山站，集装箱和快件到站为广州车站，收货人为发货人委托在广州的货运代理人。该货运代理人代委托人办理广州至澳门的公路或水路运输。

（2）内地与香港地区的铁路运输路线。

① 内地与香港的运输方式主要有以下三种。

铁路—铁路运输。货物在内地铁路装车后发往深圳北站，经深圳火车车辆原车过轨运至香港九龙车站，或者相反方向运输。

铁路—公路运输。货物的运输使用或香港两地铁路中的一段铁路，货物在深圳铁路转公路用汽车经文锦渡公路口岸或公路转铁路经深圳北站后运往香港或相反方向运输。

铁路—水路运输。货物从内地通过铁路运往广州南站，再用船舶转运到香港或澳门；或者相反方向将香港、澳门的进口货物通过水运运至广州，再通过铁路运至内地。当然，内地与香港地区之间的货物运输，除铁路运输外，还可以通过海运、公路、航空直接运至香港。这些货物除供港商品外，还利用香港的海运、航空航班航线多的优势，转运世界各地。

② 深圳口岸。深圳市位于广州省南部，广州市的东南，与香港山水相连仅有一河之隔，是目前内地经陆路通往香港的必经之地。该市设有海运、公路、航空和铁路口岸，海、陆、空运均较发达，市内交通便利，是连接京广和京九两大铁路干线的广深线的终端站，通过深圳车站与香港九广铁路接轨。内地各铁路车站发往香港的整车和零担货车，均在深圳北站进行解体、编组，以及进行必要的货物装卸、联检作业。深圳北站共有 40 多条股道，可容纳车辆 700 辆左右。

目前，深圳拥有盐田、蛇口、赤湾等天然良港，港内建有大型深水码头，集装箱的年吞吐量已排全国前列，海运航线通达世界各地；黄田国际机场可以起降大型客机；经由文锦渡、皇岗、沙头角三条公路通道分别与香港公路网沟通。深圳现已形成以港口、车站、机场为枢纽，以高级公路、准高速铁路、海上航线和航空航线为骨架通达国内外的运输网络，为该口岸的货物进出口运输提供了有力的保障。

③ 港段铁路。港段铁路也称香港九广铁路或香港铁路，于 1910 年建成通车，北接深圳车站，自内地边境罗湖车站起，途经上水、粉岭、太和、大埔墟、大学、马场、火炭、沙田、大围、九龙塘、旺角，最后至九龙车站，全长 34 千米，1983 年改造成双线电气化铁路。全线穿过 15 个隧道，其中最长的一个是比干山，又称烟墩山隧道，长达 2.7 千米。香港铁路的轨距为 1 435 毫米，钢轨为 54 千克/米，轨枕为钢筋混凝土结构，最小曲率半径干线为 200 米，支线 140 米，最大坡度 10%，最大速度 120 千米/小时，最大轴重 25 吨。

香港铁路有 5 个货运站，它们是红磡货场、何文田、火炭、沙田和旺角。其中最大的是九龙红磡货场，可容纳 240 辆铁路货车，供装卸的车位约 100 个，绝大部分的杂货、蔬果均在这里卸车；在旺角和红磡出岔向西的何文田货场为活口专用货场，可容 42 辆货车，主要装卸活口和蛋品等鲜活货物，3 条线路均为整个道床，有冲洗车辆的排水设备；沙田车站的百适货场，可容 24 辆货车，可装卸杂货车和冷藏车；火炭车站可容 26 辆货车；旺角车站每天可卸杂货车位 30 个。这 5 个装卸货场共有装车为 300 多个，备有 500TEU 的集装箱箱位和 1 500 部汽车车位场地。

香港铁路过去一直由香港当局直接管理，自 1983 年 2 月 1 日起，改由 1982 年底成立的九广铁路公司经营管理，九广铁路公司系香港当局拥有的全资公司，按商业经营原则经营。香港铁路全程行车时间需 40 分钟，主要业务为旅客运输，货物列车每天开行 12 对，由上午 8 点至晚上 12 点运行，货车用内燃机车牵引。九广铁路公司对货车只办理行车和调车作业，不办理货运业务。

目前，港段铁路的货运业务，包括接货、托运、调度组织装卸、交货，均由香港中旅货运有限公司承包，由于受香港地形限制，各货运站面积狭窄，没有站台和仓库，机械化操作程度低，主要靠人力作业，装卸作业多采用汽车对铁路货车直取作业方式，通过汽车运输直接交付收货人。因此，每天第 1 班至第 6 班到达红磡货场的货车必须当天卸清排空；第 7 班至第 12 班到达各卸货站的货车必须在翌日下午卸完排空。收货人必须在规定的时间内到货场提货，否则货物将被卸入其他仓库，核收高额的仓储费用。

三、铁路运输单据

1．国际铁路联运运单

国际铁路联运单是国际铁路联运的主要运输单据，它是由发送国铁路代表所有参加运送货物的各国铁路同发货人之间订立的运输契约，其中规定了参加联运的各国铁路和发、收货人的权利和义务，对铁路和发、收货人都具有法律效力。国际铁路联运运单共五联：第一联运单正本；第二联运行报单；第三联运单副本；第四联货物交付单；第五联货物到达通知单。运单正本随同货物至终到站，并交给收货人，它既是铁路承运货物出具的凭证，也是铁路同货主交接货物、核收运杂费和处理索赔与理赔的依据。运单副本在铁路加盖承运日期戳记后发还发货人，是卖方凭以向银行结算货款的主要证件之一。铁路运单不代表货物所有权，不能背书转让。

2．承运货物收据

承运货物收据（Cargo Receipt）是港澳联运中使用的一种结汇单据。由于内地铁路与香港九龙铁路目前尚无货运直通运输协议，各地铁路发运香港的货物不能一票直达，内地段铁路运单不是全程运输单据，国内银行不同意将其作为对外结汇的凭证。所以，均由中国外运（集团）公司及其分支机构凭铁路运单以运输承运人的身份另外签发经深圳中转至香港货物的承运收据。承运货物收据起到类似海运提单或国际联运运单副本的作用，是货、运双方的运输契约和承运人货物收据，既代表货物的所有权，又是香港收货人提货证明，既负责发站至香港的全程运输，又是向银行结汇的凭证。

习题演练

一、单项选择题

1．下列单据中，只有（　　）可以用来结汇。

A．大副收据　　B．铁路运单副本

C．场站收据副联　　D．铁路运单正本

2．仅次于水路运输的一种主要运输方式是（　　）。

A．铁路运输　　B．公路运输

C．航空运输　　D．管道运输

3. 我国内地经由铁路供应港澳地区的货物，向银行输收汇的凭证是（　　）。

A. 国际铁路联运单　　B. 国内铁路联运单

C. 承运货物收据　　D. 多式联运单

4. 国际铁路联运中使用的运输单据是（　　）。

A.《国际货协》票据　　B. 承运货物收据

C. 记名提单　　D. 备运提单

5. 下列交通运输方式中，最机动灵活，速度较快，可以满足“门对门”服务的是（　　）。

A. 铁路运输　　B. 公路运输

C. 水路运输　　D. 航空运输

6. 有关两种运输方式的叙述，正确的是（　　）。

A. 运输距离小于 600 千米时，高铁不占绝对优势

B. 随着运距的增大，高铁和航空的优势都减小

C. 运输距离大于 1 400 千米时，高铁和航空均有优势

D. 运输距离在 1 000 千米左右，高铁和航空竞争最激烈

7. 交通运输线在区位选择中起主导作用的是（　　）。

A. 地貌类型　　B. 经济、社会因素

C. 河流水文状况　　D. 气候条件

8. 如图 1-2 所示的四种货物中，适合航空运输的货物是（　　）。

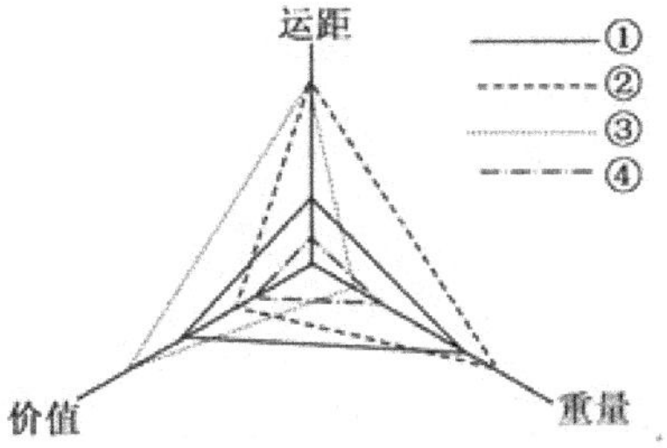

图 1-2　四种货物

A. ①　　B. ②　　C. ③　　D. ④

货物④最佳运输方式是（　　）。

A. 公路　　B. 铁路　　C. 河运　　D. 海运

生产布局受交通制约最明显的货物是（　　）。

A. ①　　B. ②　　C. ③　　D. ④

9. 关于交通运输的叙述，正确的是（　　）。

① 铁路运输具有运载量大、速度快、运费较低、受自然因素影响小、连续性好等特点

② 公路运输的发展速度不如铁路运输快

③ 五种交通运输方式相比较，水路运输受自然条件的影响最小

④ 航空运输是最快捷的现代运输方式

A．①②　　B．①③　　C．①④　　D．②④

10．“中巴经济走廊”是继“孟中印缅经济走廊”之后的中国在南线部署丝绸之路建设的新一条路径。中巴铁路建成后，中国西南各省可利用铁路运输借道新疆，或仍借道广西利用海运开拓巴方市场，两者相比（　　）。

A．铁路运输路程短，且运速快

B．铁路运输运量小，但灵活性强

C．海运成本低，受自然条件影响小

D．海运安全性强，专业化水平高

11．中国已经同意巴基斯坦政府的请求，接手运营瓜达尔港。目前正在修建中巴铁路，起点为中国新疆的喀什，终点为巴基斯坦的瓜达尔港，该铁路修建的最大自然障碍是（　　）。

A．气候干旱　　B．地形崎岖　　C．经济落后　　D．河网密集

二、简答题

1．简述国际铁路联运的特点。

2．说明国际铁路联运单据的性质和作用。

三、计算题

1．郑州北站发广州东站机器一台，重42吨，用一辆50吨火车装运，计算其运费。

2．北京广安门车站到石家庄站运输里程为274千米，现有零担货物一件，重2 300千克，计算其运到期限。

实践操作

实践任务一：国际铁路货物联运运费的计算

在中国进行国际铁路货物联运，货物运送费用的计算和核收的主要依据是《国际货协》《统一货价》及中华人民共和国铁道部制定的《铁路货物运价规则》。

国际铁路联运货物运送费用包括货物运费、押运人乘车费、杂费和其他费用。

（一）运送费用的收取标准

1. 参加《国际货协》各铁路间运送费用核收的原则

根据《国际货协》的相关规定，国际铁路货物联运的运费的核收规定如下。

（1）发送国家相关路段的运送费用：在发站向发货人或根据发送路国内现行规定核收。

（2）到达国家相关路段的运送费用：在到站向收货人或根据到达路国内现行规定核收。

（3）过境国家相关路段的运送费用：按《统一货价》在发站向发货人或在到站向收货人核收。

2.《国际货协》参与国与非《国际货协》铁路间运送费用核收的规定

（1）发送国家相关路段和到达国家相关路段的运送费用与 1 项中的（1）（2）项相同。

（2）过境铁路的运送费用：参加《国际货协》并实行《统一货价》各国境路的运送费用，在发站向发货人核收；但办理转送国家铁路的运送费用，可以在发站向发货人或在到站向收货人核收。过境非《国际货协》铁路的运送费用，在到站向收货人或在发站向发货人核收。

3. 通过过境铁路港口站货物运送费用核收的规定

从参加《国际货协》并实行《统一货价》的国家，通过另一个实行《统一货价》的过境铁路港口，向其他国家（不论这些国家是否参加《统一货价》）和相反方向运送货物时，用《国际货协》票据办理货物运送，只能办理至过境港口站为止或从这个站起开始办理。

从参加《国际货协》铁路发站至港口站的运送费用，在发站向发货人核收；相反方向运送时，在到站向收货人核收。在港口站所发生的杂费和其他费用，在任何情况下，都在这些港口车站向发货人或收货人的代理人核收。过境铁路的运送费用，按《统一货价》规定计收。

（二）国内段运送费用的计算

根据《国际货协》的规定，我国通过国际铁路联运的进出口货物，其国内段运送费用的核收应按照我国《铁路货物运价规则》进行计算，其计算程序如下。

1. 根据货物运价里程表确定从发站至到站的运价里程。

2. 根据运单上填写的货物品名查找货物品名检查表，确定适用的运价号。

3. 根据运价里程和运价号在货物运价率表 1-9 中查出相应的运价率。

表 1-9 铁路货物运价率表

办理类别	运价号	发到基价		运行基价	
		单位	标准	单位	标准
整车	1	元/吨	5.6	元/吨公里	0.0288
	2	元/吨	6.3	元/吨公里	0.0329
	3	元/吨	7.4	元/吨公里	0.0385
	4	元/吨	9.3	元/吨公里	0.0434
	5	元/吨	10.1	元/吨公里	0.0491
	6	元/吨	14.6	元/吨公里	0.0704

4. 按《铁路货物运价规则》确定的计费重量与该批货物适用的运价率相乘，算出该批货物的运费。

运费=货物计费重量×运价率

对于零担货物、快运、随旅客列车的挂运分别在基本费率基础上规定了不同的运费加成率。因此，货物运费可按下列公式计算。

运费=货物计费重量×运价率×加成率

注意

运价里程：按国内发（到）站至出（进）口站的最短路径确定，并需将国境站至国境线的里程计算在内。

货物运价号：按《铁路货物运价规则》确定。

货物运价率：出口货物按发站承运当日运价率计算；进口货物按进口国境站在运单上加盖的日期实行的运价率计算；一批货物有多个品名的货物时，按运价率最高计算。

计费重量：整车以吨位单位，四舍五入；零担货物以 10 千克为单位，不足 10 千克的计 10 千克；集装箱以箱为单位。

计算：某公司从国外进口一整车矿石，该货物的品名分类代码为“04”，经查该商品的运价号为“4”，按照《铁路货物运价规则》的规定，使用矿石车、平车、沙石车。经铁路局批准的装运“铁路货物运输品名分类与代码表”，“01”“0310”“04”“06”“081”和“14”类货物按 40 吨计费，国内段从发站至到站的运价里程为 200 千米，试根据如表 1-7 所示的运价表核算该票货物的国内段运费为多少？

实践任务二：货物运到逾期的罚款

货物实际运到天数超过规定的运到期限天数，即为该批货物运到逾期。

如果货物运到逾期，造成逾期的铁路则应按该路收取的运费的一定比例向收货人支付逾期罚款，具体逾期罚款率如表 1-10 所示。

表 1-10　国际铁路联运的逾期罚款率

逾期百分率（s）	罚款率
s≤10%	6%
10%＜s≤20%	12%
20%＜s≤30%	18%
30%＜s≤40%	24%
40%＜s	30%

货物运到逾期后，铁路应按表中的标准向收货人支付运到逾期罚款。

逾期罚款的规定及计算方法如下。

逾期罚款 =运费 × 罚款率

逾期百分率 =(实际运送天数−按规定计算运到期限天数)/按规定计算运到期限天数 × 100%

自铁路通知货物到达和可以将货物移交给收货人处理时起，一昼夜内如收货人未将货物领出，即失去领取运到逾期罚款的权利。

如果货物在某一段铁路运到逾期，而在其他铁路却早于其规定的期限，那么在确定逾期时间的时候，要将上述时间进行相互抵消。

注意

快运货物运到逾期：除按规定退还快运费外，货物运输期间按 250 运价千米或其未满为 1 天，计算运到期限仍超过时，还应按上述规定，向收货人支付违约金。

超限货物、限速运行的货物、免费运输的货物：若运到逾期，承运人不支付违约金。

计算：某公司从保加利亚进口一批机器，该批货物按规定计算的运到期限天数为 60 天。保加利亚瓦尔纳港口站于某年 3 月 10 日以慢车整车承运。该批货物经由鲁塞东—瓮格尔、后贝加尔—满洲里，5 月 16 日到达北京东站。铁路部门所收运费为 8 000 欧元。你认为该批货物是否运到逾期？假如逾期，铁路部门应向收货人支付多少逾期罚款？

情景二

国际多式联运

子情景一　国际多式联运的基本知识

学习目标

知识目标

- 了解国际多式联运的概念和特点
- 熟悉集装箱多式联运的优越性
- 掌握国际多式联运的业务条件

能力目标

- 掌握国际多式联运的分类方法
- 能够办理国际多式联运的业务

素质目标

- 掌握多式联运有关知识
- 能够把握国际多式联运这种高效的运输组织形式

项目背景

浙江英卡顿网络科技有限公司要出口一批物品到西班牙，发货地点是武汉市，交货地点是西班牙的塞维利亚市，要求实现“门到门”的运输，Allen在思考这批物品的运输方式及组织本次运输的影响因素。

任务实施

步骤 1：分析可能需要的运输方式

步骤 2：涉及的承运人，进行运费支付的确认

步骤 3：需要交接的单据

步骤 4：监管环节

步骤 5：确定是否采用国际多式联运

知识铺垫

一、国际多式联运的概念与特点

1. 国际多式联运的概念

国际多式联运，简称多式联运，是一种以实现货物整体运输的最优化效益为目标的联运组织形式。它通常以集装箱为运输单元，将不同的运输方式有机地组合在一起，构成连续的、综合性的一体化货物运输。

国际多式联运适用于水路、公路、铁路和航空多种运输方式。

目前，国际多式联运已经成为一种新型的、重要的国际贸易货物运输方式，受到国际的普遍重视。

2. 国际多式联运的特点

根据国际多式联运的概念，结合国际上的实际做法，可以得出，国际多式联运必须具备以下特征。

（1）必须订立一份多式联运合同，明确规定多式联运经营人与托运人之间的权利、义务、责任、豁免的合同关系和多式联运的性质。多式联运合同是确定多式联运性质的根本依据，也是区别多式联运与一般货物运输方式的主要依据。

（2）必须使用一份全程多式联运单据。该单据应满足不同运输方式的需要，是证明多式联运经营人已接管货物并负责按照合同条款交付货物所签发的单据。该单据既是物权凭证，也是有价证券。

（3）必须是至少两种不同运输方式的连续运输。这是确定一般联运和多式联运的最重要的区别。

（4）必须是国际货物运输。这区别于国内货物的运输，主要是因为涉及国际运输法规的适用问题。可见，即使采用两种以上不同运输工具完成的国内货物运输亦不属于国际多式联运的范畴。

（5）必须由一个多式联运经营人对货物运输全程负责。该多式联运经营人不仅是订立多式联运合同的当事人，也是多式联运单证的签发人，承担自接收货物起至交付货物止的全程运输责任。当然，在多式联运经营人履行多式联运合同所规定的运输责任的同时，可

将全部或部分运输委托他人（分承运人）完成，并订立分运合同。但分运合同的承运人与托运人之间不存在任何合同关系。

（6）必须对货主实现全程单一运费率。多式联运经营人在对发货人负责全程运输的基础上，制定一个货物从发货地至目的地的全程单一的费率，这个运价一次收取，包括运输成本（各段运杂费的合计）、经济管理费等相关费用及合理的利润。

由此可见，国际多式联运的主要特点是，由多式联运经营人对托运人签订一份运输合同，统一组织全程运输，实行运输，全程一次托运，一单到底，一次性收费，统一理赔和全程负责。

它是一种以方便托运人和货主为目的的先进的货物运输组织形式。

二、国际多式联运的优越性

国际多式联运是货物运输的一种较高组织形式，它集中了各种运输方式的特点，扬长避短，组成连贯运输，相比传统单一运输方式具有无可比拟的优越性，主要表现在以下五个方面。

1．责任统一，手续简便

在多式联运方式下，不论全程运输距离多远，也不论需要使用多少种不同的运输工具，更不论途中要经过多少次转换，一切运输事宜统一由多式联运经营人负责办理，而货主只要办理一次托运、签订一份运输合同、支付一笔全程单一运费、购买一份保险、取得一份联运单据，就履行了全部责任。

由于责任统一，一旦发生问题，只要找多式联运经营人即可解决问题。与单一运输方式的分段托运、多头负责相比，国际多式联运不仅手续简便，而且责任更加明确。

2．减少中间环节，缩短货运时间，降低货损货差，提高货运质量

国际多式联运通常是以集装箱为媒介的直达连贯运输，货物从发货人仓库装箱验关铅封后直接运至收货人仓库交货，中途无须拆箱分装，减少很多中间环节，即使经多次换装，也都是使用机械装卸，丝毫不触及箱内货物，货损货差和盗窃丢失事故大为减少，从而较好地保证货物安全和货运质量。

此外，由于是连贯运输，各个运输环节和各种运输工具之间配合密切、衔接紧凑，货物所到之处中转迅速及时，减少在途停留时间，故能较好地保证货物安全、迅速、准确、及时地运抵目的地，因而也相应地降低了货物的库存量和库存成本。

3．降低运输成本，节省运杂费用，有利于贸易开展

国际多式联运是实现“门到门”运输的有效方法。首先，对于货主来说，货物在装箱或装上第一程运输工具后就可取得联运单据进行结汇，结汇时间提早不仅有助于加速货物占用资金的周转，而且可以减少利息的支出。

其次，货物是在集装箱内进行运输的，因此从某种意义上来看，可相应地节省货物的包装、理货和保险等费用的支出。

最后，多式联运全程使用的是一份联运单据和单一运费，这就大大简化了制单和结算手续，节省大量人力物力，尤其是便于货主事先核算运输成本，选择合理运输路线，为开展贸易提供了有利条件。

4．实现“门到门”运输的有效途径

国际多式联运综合了各种运输方式，扬长避短，形成直达连贯运输，不仅缩短运输里程，降低运输成本，而且加速货运周转，提高货运质量，是组织合理运输、取得最佳经济效果的有效途径。尤其是采用多式联运，可以把货物从发货人内地仓库直运至收货人内地仓库，为实现“门到门”的直达连贯运输奠定了有利基础。

5．提高运输管理水平，实现运输合理化

对于区段运输而言，由于各种运输方式的经营人各自为政、自成体系，因而其经营业务范围受到限制，货运量相应也有限。而一旦由不同的货运经营人共同参与多式联运，经营的范围可以大大扩展，同时可以最大限度地发挥其现有设备的作用，选择最佳运输线路，提高运输的管理水平，达到合理化运输的目的。

在当前激烈的国际贸易竞争中，国际多式联运通过自身具有的优越性，在国际上越来越多地被采用。

三、国际多式联运的业务条件

国际多式联运可以将不同的运输方式有机地组合在一起，构成连续的、综合性的一体化货物运输形式，是一种先进的运输方式，需要更先进、更复杂的技术支持和更科学的管理手段才能满足其发展需要。因此，发展国际多式联运应具备的业务条件包括以下四个方面。

1．建立和完善集装箱货运站

利用国际多式联运的最主要的目的是改变传统运输的货物交接方式，实现“门到门”的货物交接，而集装箱在国际多式联运中起到至关重要的作用。所以，如果集装箱货运站的设施和技术水平不够，就没有办法完成集装箱的装卸作业，国际多式联运也就没有办法正常开展。因此，建立和完善集装箱货运站，不仅可以方便货物的交接和保管工作，而且可以降低运费，提高运输效率，保证物流工作的正常进行。

2．建立和完善国内外联运业务网点

国际多式联运是一种跨国运输，不可能仅通过一个国家单独完成所有的运输活动，而是需要国内外有关部门的共同合作才能进行有效合理的运输。因此，办理国际多式联运工作必须根据业务的实际情况提前建立和完善国内外的联运业务网点，负责承担国内外的实际货物运输工作和办理货物交接手续。

3．制定国际多式联运单一费率

国际多式联运的一个基本特征就是采用单一费率，所以经营多式联运就必须制定一个单一的联运费率。但是，多式联运涉及的环节比较多，费率又是揽收业务的关键，这个费率的制定既要考虑竞争力，又要考虑经营利润，因此制定单一费率是一件复杂而重要的工作，需要综合考虑各种因素。

4．建立和完善科学的组织管理体系

国际多式联运涉及很多部门和环节，而要保证货物能够安全、快速地到达目的地，就必须建立和完善科学的组织管理体系，使得各个部门、各个环节之间能够紧密衔接，以便于充分、及时地了解货物在中转过程中的相关信息，有问题可以及时进行处理，所以，最好能够建立一个统一的管理机构负责对内外的各项工作，充分发挥国际多式联运的优越性。

四、国际多式联运的发展趋势

国际多式联运作为一种先进的运输方式，在世界范围内的发展十分迅猛。综合来看，主要有以下三个方面的发展趋势。

1．国际多式联运的业务范围不断扩大

为了开展多式联运的需要，多式联运经营人不断地将业务向海外扩张，在世界各地的物资集散地建立分支机构或代理网点，扩充并完善其服务网络，为货主提供更大的服务空间。

在当今经济全球化的形势下，尤其是跨国公司在世界范围内资源优化配置的需求下，多式联运已从发达国家开始向发展中国家渗透，其业务范围呈现不断扩大的趋势。

2．多式联运经营人向多元化方向逐步发展

作为多式联运经营人，其前身大多是大型国际货代或大型船公司，为了扩大服务范围、提高服务质量，已开始从单一的货代或海运业务向多元化方向发展。例如，一些国际货代除传统的货运代理业务外，还以贸易商的身份从事国际贸易业务，以无船承运人身份承接运输业务和多式联运业务，成为多种业务的联合。

3．多式联运向现代物流领域不断拓展

运输是现代物流结构体系中不可缺少的一个重要环节，以集装箱运输为基础的多式联运，在现代物流中已越来越呈现其独特的优势，不仅是现代物流不可缺少多式联运，而且许多多式联运经营人已充分认识到现代物流在当今世界经济中的重要性，纷纷开始经营现代物流业务。

案例解析

某货运代理作为货主的代理人安排货物出口工作。在货物从内地往港口运输的过程中，由于定期货运汽车季节性短缺，一小部分货物是由汽车运输市场租用的一辆货运车运输的，结果承运该货物的汽车连同货物一起下落不明。试问：

（1）货运代理人在什么情况下可以不承担责任？

（2）货运代理人在什么情况下应承担责任？

解析:（1）如果货运代理租车是经货主同意的，则由货主自己承担责任。

（2）如果货运代理租车未经货主同意，则属于其未尽谨慎处理之责而租用无资质的货运车，应由货运代理承担责任。

习题演练

一、不定项选择题

1．多式联运经营人对货物承担的责任期限是（　　）。

A．自己运输区段　　B．全程运输

C．实际承运人运输区段　　D．第三方运输区段

2．作为一种运输工具的货物集装箱至少要有（　　）以上的容积。

A．5 立方米　　B．8 立方米　　C．3 立方米　　D．1 立方米

3．下列联运形式中不属于多式联运的是（　　）。

A．海陆联运　　B．陆桥运输　　C．海空联运　　D．连贯运输

4．各运输方式中，货运量最大的是（　　）运输。

A．公路　　B．管道　　C．水路　　D．铁路

5．狭义的公路运输是指（　　）运输。

A．拖拉机　　B．汽车　　C．畜力车　　D．人力车

6．铁路通用货车包括（　　）。

A．水泥车　　B．保温车　　C．敞车　　D．家畜车

7．提单是（　　）。

A．运输合同证明　　B．货物收据　　C．交货凭证

D．物权凭证　　E．运输合同

8．根据国际多式联运公约，多式联运单据的签字形式如不违背所在国法律，可以是（　　）。

A．手签　　B．盖章　　C．符号　　D．机械打出

9．国际多式联运应具备的运营条件有（　　）。

A．人力资源　　B．经营网络　　C．信息系统　　D．设施设备

二、判断题

1．分段运输就是多式联运。（　　）

2．多式联运就是两种或两种以上运输方式的联合运输。（　　）

3．多式联运经营人的赔偿责任主要采用统一责任制。（　　）

4．狭义的公路运输是指长大货物车运输。（　　）

5．国际多式联运服务质量是指国际多式联运企业在一定时期内为客户提供服务的效用及其对客户需求的满足程度的综合表现。（　　）

6. 国际多式联运的一个优点是发货人可以提早结汇。(　　)
7. 国际多式联运所运输货物必须是集装箱货物，不可以是一般的件杂货。(　　)
8. 国际多式联运是随着集装箱运输发展起来的新型运输方式。(　　)

三、简答题

1. 国际多式联运有何特点?
2. 国际多式联运运费主要包括哪几个部分?
3. 简述国际多式联运与一般国际货物运输的区别。
4. 简述国际多式联运的定义。
5. 简述国际多式联运出口业务。

子情景二　国际多式联运经营人

学习目标

知识目标

- 了解国际多式联运经营人的概念、性质和特征
- 了解国际多式联运经营人应具备的基本条件
- 了解国际多式联运经营人的责任范围

能力目标

- 了解国际多式联运组织运输的原理和要求
- 初步具备组织国际多式联运的能力

素质目标

- 具备调研考察国际多式联运经营人、承运人的能力
- 熟悉国际多式联运的组织、运输路线的选择和设计

项目背景

Allen一直在思考要实现跨境电商“门到门”运输的话，谁可以成为“国际多式联运经营人”。一种是各运输段的实际承运人，即承运人型的多式联运经营人，他们拥有或掌握一种或一种以上的运输工具；另一种是无船承运人，即无船承运人型的多式联运经营人，他们不具有任何运输工具，只是国际分段式多式联运的组织者。

任务实施

依照《联合国国际货物多式联运公约》的规定，多式联运经营人接管货物有两个步骤：

步骤 1：在托运人或其代表所在地接管货物

步骤 2：根据接管货物地点适用的法律或规章，货物必须交给其运输的管理当局或其他第三方，这是一种特殊的规定

对交付货物规定的形式有三种：第一，将货物交给收货人；第二，如果收货人不向多式联运经营人提取货物，则按多式联运的合同或按照交货地点适用的法律或特定行业惯例，将货物交予收货人支配即可算是完成货物交付；第三，将货物交给根据交货地点适用法律或规章必须向之交付的当局或其他第三方。

知识铺垫

一、国际多式联运经营人概述

1. 国际多式联运经营人的概念

国际多式联运经营人（Multi-modal Transport Operator，MTO）指其本人或通过其代理同托运人订立多式联运合同并承担合同履行责任，用两种或者两种以上不同种类的运输工具将货物从一地运至另一指定交付货物的地点的人，可以是实际承运人，也可以是无船承运人（Non-Vessel Operating Carrier，NVOC）。

2. 国际多式联运经营人的性质

国际多式联运经营人既不是发货人的代理，也不是承运人的代理，而是一个独立的法律实体。

在多式联运方式下，根据《联合国国际货物多式联运公约》，它是货物运输的总承运人，对运输全程负责，对货物灭失、损坏及延迟交货等均要负责。但是，因为多式联运是在国际间以多种运输方式完成的，不可能由一个经营人自己承担所有的运输。总承运人往往在接受货主的委托之后自己承担一部分运输，而将其他的运输再委托给其他的承运人。因此，总承运人具有双重身份，对于货主来说是承运人，对于实际承运人来说是托运人。它一方面要与货主之间签订多式联运合同，另一方面要与实际承运人签订运输合同。

3. 国际多式联运经营人具备的特征

（1）国际多式联运经营人必须与货主本人或其代表订立多式联运合同，同时以货主的身份与各区段的实际承运人订立运输合同，具有双重身份。

（2）国际多式联运经营人对全程运输所发生的货损货差负责，但其可向分承运人追偿。

（3）国际多式联运经营人可以拥有运输工具，也可以不拥有运输工具。

4. 国际多式联运经营人的条件

国际多式联运经营人从货主手中接管货物起，就表示开始承担责任，货物在整个运输过程中的任何区段发生问题，经营人都要承担赔偿责任。

作为国际多式联运经营人，必须具备如下基本条件。

（1）国际多式联运经营人本人或其代表就多式联运的货物，与发货人本人或其代表订立多式联运合同，而且合同约定至少使用两种不同的运输方式完成全程货物运输，合同中的货物系国际运输的货物。

（2）国际多式联运经营人从发货人或其代表那里接管货物起，即签发多式联运单证，并对接管的货物开始负有责任。

（3）国际多式联运经营人需要承担多式联运合同规定的与运输和其他服务有关的所有责任，并保证将货物交给多式联运单证的持有人或单证中指定的收货人。

（4）国际多式联运经营人对运输全过程所发生的货物灭失或损坏，首先对货物受损人负责，并应具有足够的赔偿能力。当然，国际多式联运经营人可以向造成实际损失的分区段承运人进行追偿。

（5）国际多式联运经营人应具有多式联运所需要的相应的技术能力，对自己签发的多式联运单证确保其流通性，并使之作为有价证券在经济价值方面有令人信服的价值担保。

二、国际多式联运经营人的责任范围

由于国际多式联运经营人性质的特殊性，一方面要与货主签订多式联运合同，另一方面要与实际承运人签订区段运输合同，而区段运输合同是不受多式联运合同的约束的。因此，虽然多式联运经营人要对运输的全程承担赔偿责任，但是可以向出现问题的分区段实际承运人要求追偿，所以只有国际多式联运经营人和发货人、分区段实际承运人之间订立的多式联运合同、分运合同这两层合同之间的关系达到平衡，才能保证国际多式联运的正常开展。

1. 国际多式联运经营人的责任类型

由于多式联运的发展改变了传统的货物交接界限，也从根本上改变了多式联运经营人的承运责任范围。因此，原有的有关承运人的责任形式已不能满足其要求，随之新的责任形式不断形成。

国际多式联运经营人的责任范围根据目前国际上的通用做法，一般分为三种类型。

（1）统一责任制（Uniform Liability System）。统一责任制，又称同一责任制，是指国际多式联运经营人对货主负有不分区段的统一原则责任，也就是说经营人在整个运输中都使用同一责任向货主负责。即国际多式联运经营人对全程运输中货物的灭失、损坏或延期交付负全部责任，无论事故责任是明显的还是隐蔽的，也无论发生在哪一个运输区段，均按一个统一原则，统一按约定的限额进行赔偿。

但如果是国际多式联运经营人已尽了最大努力仍无法避免的或确实证明是货主的故意行为过失等原因所造成的灭失损坏，则可免责。

统一责任制是一种科学、合理、手续简化的责任制度。但这种责任制对联运经营人来说责任负担较重，赔偿额较高，因此目前在世界范围内使用还不够广泛。

（2）分段责任制（Network Liability System）。分段责任制，又称网状责任制，是指国际多式联运经营人对货主承担的全部责任局限在各个运输部门规定的责任范围内，也就是由经营人对运输全程负责，而对货物的损坏赔偿是指按造成该货损的实际运输区段的责任限制予以赔偿。

在各运输分段中作为依据的法律有：

① 公路区段运输——根据《国际公路货物运输公约》或国内法；

② 铁路区段运输——根据《国际铁路货物运输公约》或国内法；

③ 海上区段运输——根据《海牙规则》、国际公约或国内法；

④ 航空区段运输——根据《华沙公约》或国内法。

分段责任制是当前国际多式联运业务中使用最普遍的一种制度。

（3）修正统一责任制（Modified Uniform Liability System）。修正统一责任制，又称混合责任制，是一种介于统一责任制和分段责任制之间的责任制度。它的责任范围和统一责任制相同，即国际多式联运经营人要对运输全程负责，各区段的实际承运人仅对自己完成区段的运输问题负责。

但是与分段责任制相同，在赔偿限额中出现了两层赔偿关系：第一层是国际多式联运经营人与货主之间的赔偿责任；第二层是国际多式联运经营人对各区段实际承运人的追偿责任。

这种制度在实际业务中也较少采用。三种责任制度的区别如表 2-1 所示。

表 2-1　三种责任制度的区别

责任形式	责任承担	赔偿安排
统一责任制	多式联运经营人	全程统一约定限额赔付
分段责任制	多式联运经营人	各运输段法律规定处理
修正统一责任制	多式联运经营人和分承运人	各运输段责任

2．国际多式联运经营人的责任期限

责任期限是指国际多式联运经营人对货物负责的时间限期。

从《海牙规则》制定到现在，国际多式联运经营人的责任期限就在不断调整和变化之中，当前采用比较多的责任期限是依据《联合国国际货物多式联运公约》规定的。根据集装箱运输条件下，货物在货主仓库、工厂及集装箱货运站、码头堆场进行交接的特点，仿照《汉堡规则》，对多式联运经营人规定的责任期限是，“多式联运经营人对于货物的责任期限，自其接管货物之时起至交付货物时止”。

习题演练

一、不定项选择题

1．国际多式联运与一般国际货物运输的区别是（　　）。

A．货运单证的内容与制作方法不同　　B．提单的适用性与可转让性不同

C．信用证上的条款不同　　D．海关验放的手续不同

2.（　　）不是国际多式联运企业控制支付给各分包商的费用支出所采取的相应措施。

A．选择合理的计费方式　　B．适时调整国际多式联运运价

C．减少各分包商的费用支出　　D．增加各分包商的费用支出

3．在调整国际多式联运当事人权利义务关系比较有影响的国际规则中，（　　）作为民间规则，其适用不具有强制性，需由当事人在多式联运合同中自愿采纳。

A.《联合运输单证统一规则》　　B.《联合国国际货物多式联运公约》

C.《多式联运单证规则》　　D.《国际铁路货运公约》

4．1991《年多式联运单证规则》规定的诉讼时效为（　　）。

A．1 年　　B．6 个月　　C．2 年　　D．9 个月

5．提货单的签发表明（　　）。

A．已交货完毕　　B．发货人责任终止

C．收货人有权提货　　D．承运人责任已终止

6．不属于定期货运班车的“五定”组织管理模式的是（　　）。

A．定班次　　B．一车多主　　C．定车型　　D．定线路

7．国际多式联运公约采用的责任基础为（　　）。

A．完全过失责任制　　B．不完全过失责任制

C．严格责任制　　D．结果责任制

8.《联合国国际货物多式联运公约》规定 MTO 对于货物的迟延交付，规定了（　　）天交货期限，MTO 对迟延交货的赔偿限额为迟延交付货物的（　　），并不能超过合同的全程运费。

A．90，运费的 2.5 倍　　B．60，运费的 2.5 倍

C．60，运费数额　　D．90，运费数额

9．多式联运单据在作为海运提单时必须符合的要件有（　　）。

A．已装船　　B．已在信用证规定的装货港装船

C．已在信用证规定的装货港装运于指定的船　　D．已在信用证规定的卸货港卸船

10．超限货物运输与一般货物运输的不同体现在（　　）。

A．特殊装载要求　　B．特殊运输条件

C．特殊安全要求　　D．特殊包装要求

二、判断题

1. 目前国际上对于多式联运经营人的责任形式大多采用的是网状责任制。(　　)

2. 国际多式联运的货主只需办理一次委托，支付一笔运输费用。(　　)

3. 运输总成本的构成及多少与多种因素有关，其中影响最大的是集装箱的交接方式与运输方式。(　　)

4. 多式联运经营人在接收货物后即可签发多式联运单据。(　　)

5. 多式联运经营人必须对货物的全程运输负责。(　　)

6. 国际多式联运经营人是指本人或者委托他人以本人名义与托运人订立一份多式联运合同，并以承运人身份承担完成此项合同责任的人。(　　)

7. 国际多式联运经营人理赔是指国际多式联运经营人对货主或其代理提出的货运事故赔偿要求予以受理并进行处理的过程。(　　)

8. 运送贵重物品需派责任心强的驾驶员运送，不需要托运方委派专门押运人员跟车。(　　)

9. 海陆联运是国际多式联运的主要组织形式。(　　)

三、简答题

1. 国际多式联运经营人应具备什么条件？

2. 国际多式联运组织模式设计应考虑的因素有哪些？

3. 什么是国际多式联运的统一责任制？

4.《联合国国际货物多式联运公约》关于联运人赔偿的责任限额有哪些主要规定？

5. 简述多式联运经营人的法律地位。

子情景三　国际多式联运经营业务

学习目标

知识目标

- 熟悉集装箱国际多式联运的业务流程
- 熟悉处理运输过程中的海关业务

能力目标

- 能够办理集装箱国际多式联运托运手续
- 能够处理货运事故或纠纷

素质目标

- 具备良好的跨境电商物流专业素质

- 精通国际多式联运业务

项目背景

Allen在公司听说，全国首批搭上“义新欧”班列的跨境电商德国产奶粉，通过二次转关后抵达杭州跨境电商空港园区。这里程碑式的一趟班列，标志着“义新欧”班列与跨境进口电商的首度合作的成功，这也是国家“一带一路”倡议通过国际大通道实现“义新欧+跨境电商”的完美结合，跨境电商从此迎来了“铁路时代”。同时，空港园区成为杭州综试区率先实现跨境电商服务“海陆空铁”四种模式全业务的园区。

任务实施

步骤1：接受托运申请，订立多式联运合同

步骤2：集装箱的发放、提取及运送

步骤3：出口报关

步骤4：货物装箱

步骤5：接收货物

步骤6：核收多式联运费用

步骤7：订舱及安排货物运送

步骤8：办理保险

步骤9：签发多式联运提单，组织完成货物的全程运输

步骤10：货物交付

步骤11：运输过程中的海关业务

步骤12：货运事故处理

知识铺垫

一、国际多式联运的运输组织形式

国际多式联运的发展是以集装箱为主要载体来进行的，可以将各种运输方式有机地结合在一起，充分发挥其在整个流通领域的特殊作用。

从运输方式的组成形式上来看，多式联运必须是两种不同运输方式组成的连贯运输，因此从理论上讲，多式联运服务可有海—铁、海—空、海—公、铁—公、铁—空、公—空、海—铁—海、公—海—空等多种可能的组合方式，如图2-1所示。

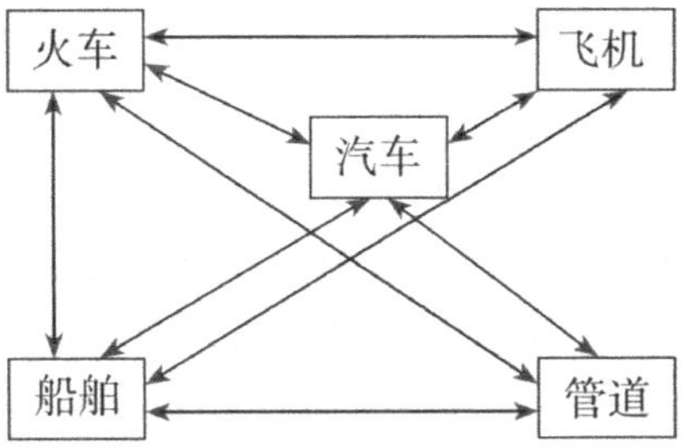

图 2-1　国际多式联运服务可能的组合方式

目前，已经存在的国际多式联运主要包括以下四种形式。

1．海陆联运

海陆联运是国际多式联运的主要组织形式，也是远东—欧洲多式联运的主要组织形式之一。

这种组织形式以航运公司为主体，签发联运提单，与航线两端的内陆运输部门开展联运业务，与大陆桥运输展开竞争。

当前，世界上规模最大的三条主要航线是：远东—北美航线（太平洋航线），远东—欧洲、地中海航线，北美—欧洲、地中海航线（大西洋航线）。

2．陆桥运输

在国际多式联运中，陆桥运输（Land Bridge Service）是一种非常重要的组织形式。严格地讲，陆桥运输也是一种海陆联运形式。因其在国际多式联运中有独特的地位，故在此将其单独作为一种运输组织形式来讲解。

它是指采用集装箱专用列车或卡车，把横贯大陆的铁路或者公路作为中间的“桥梁”，使得大陆两端的集装箱海运航线与专用列车或者卡车连接起来，形成跨越大陆、联结海洋的一种连贯运输方式。

它是远东—欧洲国际多式联运的主要形式。

目前，远东—欧洲的陆桥运输线路有西伯利亚大陆桥、新亚欧大陆桥、北美大陆桥和其他陆桥运输形式。

（1）西伯利亚大陆桥。西伯利亚大陆桥（Siberian Land Bridge，SLB）被称为亚欧第一大陆桥，全长 1.3 万千米，东起俄罗斯东方港，西至俄芬（芬兰）、俄白（白俄罗斯）和俄哈（哈萨克斯坦）边境，过境欧洲和中亚的部分国家。

它是指使用国际标准集装箱将货物从远东通过海运运到俄罗斯东部港口，再经跨越欧亚大陆的西伯利亚铁路运至波罗的海沿岸的港口，然后采用铁路、公路或者海运运到欧洲各地的国际多式联运的运输路线。

西伯利亚大陆桥运输包括铁—铁、海—铁—海、海—铁—公和海—公—空四种运输方式，是一条比较典型的国际多式联运路线。

（2）新亚欧大陆桥。新亚欧大陆桥被称为第二亚欧大陆桥。从中国东海岸的连云港和日照港等沿海港口到欧洲西海岸的鹿特丹，全长 10 870 千米，在中国境内 4 131 千米，约占全长的 1/3，贯穿东、中、西部的江苏、山东、山西、安徽、河南、陕西、甘肃、新疆等省区；向东辐射至日本、朝鲜、韩国等国家。

新亚欧大陆桥连接大西洋和太平洋两大经济中心带，将给中亚地区的振兴与发展创造新的契机，并已逐步成为我国中西部地区与中亚、中东和欧洲地区之间的新的经济纽带。东起我国连云港，经陇海铁路到新疆，出阿拉山口至鹿特丹，横贯西亚各国，以及波兰、俄国、德国、荷兰等共 30 多个国家和地区，全程 10 800 千米。比西伯利亚大陆桥短 2 000 千米，节省运费 30%，与海运相比，可节省运输时间 60%左右。

（3）北美大陆桥。北美大陆桥（North American Land Bridge）是指利用北美的大铁路从远东到欧洲的海—陆—海联运，包括美国大陆桥和加拿大大陆桥。

美国大陆桥运输始于 1967 年，它包括两条路线，一条是从西部太平洋沿岸至东部大西洋沿岸的铁路和公路运输路线；另一条是西部太平洋沿岸至东南部墨西哥湾沿岸的铁路和公路的运输路线。

加拿大大陆桥于 1979 年开通使用，与美国大陆桥是平行的。它由船公司将货物通过海运运至温哥华，经过铁路运到蒙特利尔或者哈利法克斯，再与大西洋海运相接。

（4）其他陆桥运输形式。

① 小陆桥运输（MLB），也就是比大陆桥的海—陆—海运输少一段海上运输，成为陆—海或海—陆联运方式的运输形式，运送货物的目的地为沿海港口。

美国小陆桥是在 1972 年由美国的船公司和铁路公司联合投建的，它将日本或远东至美国东部大西洋口岸或美国南部墨西哥湾口岸的货运，由原来的全程海运改为由日本或远东装船至美国西部太平洋口岸或南部墨西哥湾口岸，以陆上铁路或公路作为桥梁把美国东海岸与西海岸和墨西哥湾连接起来。

小陆桥运输在缩短运输距离、节省运输时间方面的效果是显著的。

目前，小陆桥运输链的主要路线有四条：欧洲—美国东海岸转内地、欧洲—美国海湾地区转内地、远东—美国西海岸转内地、澳大利亚—美国西海岸转内地。

② 微型陆桥运输（IPI），就是没有通过整条陆桥，只是利用了部分陆桥区段，是比小陆桥更短的海—陆运输方式，又称为半陆桥运输，交货地点在内陆地区。

美国微型陆桥运输是指从日本或远东至美国中西部地区的货运，由日本或远东运至太平洋港口，再换装铁路或公路续运至美国中西部地区。

微型陆桥运输在时间、费用等方面优越性更大，因而近几年来发展迅速。

我国出口美国的集装箱货物，在进口商寄来的信用证中经常出现“IPI”一词，其英文全称为“Interior Point Intermodal”，意即“内陆地点多式联运”，货物的交货地为美国内陆的主要城市，是典型的微型陆桥运输。

③ 内陆公共点或陆上公共点（Overland Common Points，OCP），是指使用两种运输方式将卸至美国西海岸港口的货物通过铁路转运到美国的 OCP 地区。美国的 OCP 地区只限于美国的中部和东部各州，以落基山脉为界，在其之东的各州均为 OCP 地区，在其以西的各州均为非 OCP 地区。

从远东至美国西岸港口，而后向东运往 OCP 地区的货物，不仅其海运运费可享受优惠的 OCP 费率（每吨运费可低 3~4 美元），而且进口方支付从西岸至最终目的地的铁路（或公路）运费也较其本地运输费率低 3%~5%。

OCP 是一种特殊的国际运输方式，虽然由海运、陆运两种运输方式，但是运输过程中要分段承运人分别签发单据，分区段承担风险责任，SLB、OCP、MLB、IPI 4 种运输组织方式的区别，如表 2-2 所示。

表 2-2　SLB、OCP、MLB、IPI 4 种运输组织方式的区别

比较项目	SLB	OCP	MLB	IPI
货物成交价	采用 FCA 或 CIP 应视为合同约定	卖方承担的责任、费用终止于美国西海岸港口	卖方承担的责任、费用终止于最终交货地	与 MLB 相同
提单的适用	全程运输	海上区段	全程运输	全程运输
运费计收	全程	海、陆分段计收	全程	全程
保险区段	全程投保	海、陆段分别投保	全程投保	全程投保
货物运抵区域	不受限制	OCP 地区	美国东部和美国湾港	内陆地区
是否多式联运	是	否	是	是

3．海空联运

海空联运，又被称为空桥运输（Air Bridge Service），产生于 20 世纪 60 年代，是指把空运货物先经由船舶运至拟中转的国际机场所在港口，然后安排拖车将货物拖至拟中转的国际机场进行分拨、装板、配载，再空运至目的地的国际多式联运形式。其运输时间比全程海运少，运输费用比全程空运低。

在运输组织方式上，空桥运输与陆桥运输有所不同：陆桥运输在整个货运过程中使用的是同一个集装箱，不用换装；而空桥运输的货物通常要在航空港换入航空集装箱。

空桥运输的货物通常要在航空港口换入航空集装箱，以降低费率，提供快捷、可靠的运输服务。

这种联运组织形式是以海运为主的，只是最终交货运输区段由空运承担。

目前，国际海空联运线路主要有三条。

（1）远东—欧洲线路。远东与欧洲间的航线有的以温哥华、西雅图、洛杉矶为中转地，也有的以中国香港地区、泰国曼谷、俄罗斯符拉迪沃斯托克为中转地。此外，还有的以旧金山、新加坡为中转地。

（2）远东—中南美线路。近年来，远东至中南美的海空联运发展较快，因为此处港口和内陆运输不稳定，所以对海空运输的需求很大。该联运线路以迈阿密、洛杉矶、温哥华为中转地。

（3）远东—中近东、非洲、澳大利亚线路。这是以中国香港地区、曼谷为中转地至中近东、非洲的运输服务。在特殊情况下，还有经马赛至非洲、经曼谷至印度、经中国香港地区至澳大利亚等联运线路，但这些线路货运量较小。

海空多式联运结合海运量大、成本低和空运速度快、时间要求紧的特点，能对不同运量和不同运输时间要求的货物进行有机结合。

4．陆空联运

陆空联运包括火车、飞机和卡车的联合运输方式（Train-Air-Truck，TAT），或者火车、飞机的联合运输方式（Train-Air，TA）。中国空运出口货物通常采用这种运输形式。

二、国际多式联运的业务程序

国际多式联运是在国际多式联运经营人的组织之下完成的，其主要业务程序包括以下几个方面，如图 2-2 所示。

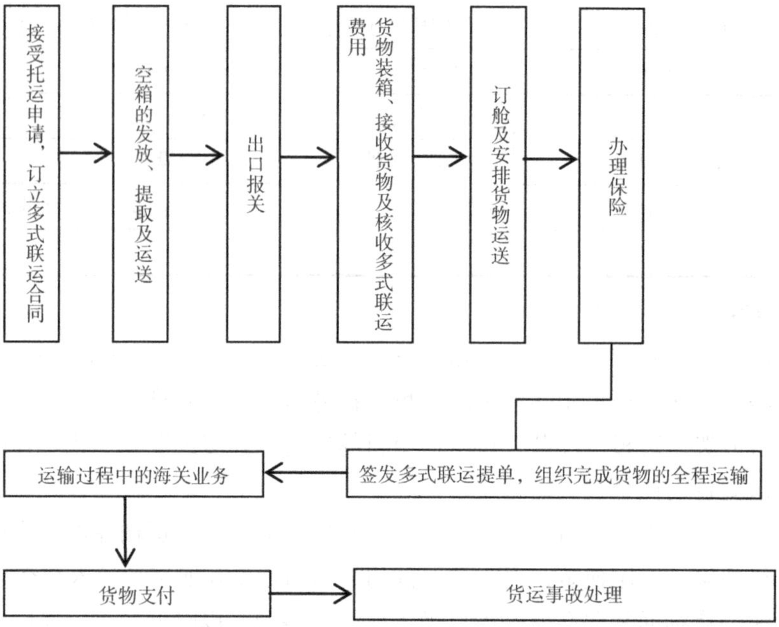

图 2-2　国际多式联运的主要业务程序

1．接受托运申请，订立多式联运合同

多式联运经营人根据自身经营的国际多式联运线路和自身的运输情况，结合托运人提出的托运申请，确定是否接受。如果能够接受申请，则与托运人签订多式联运合同，并根据双方就货物交接方式、时间、地点、付费方式等协议内容填写场站收据（货物情况可暂空）并在副本上签章（必须是海关能接受的），并由多式联运经营人对其进行编号。多式联运经营人在编号后留下货物托运联，将其他联交还给发货人或其代理人，证明多式联运经营人已接受托运申请，多式联运合同已经订立并开始执行。

国际多式联运货物托运流程和发货流程分别如图 2-3 及图 2-4 所示。

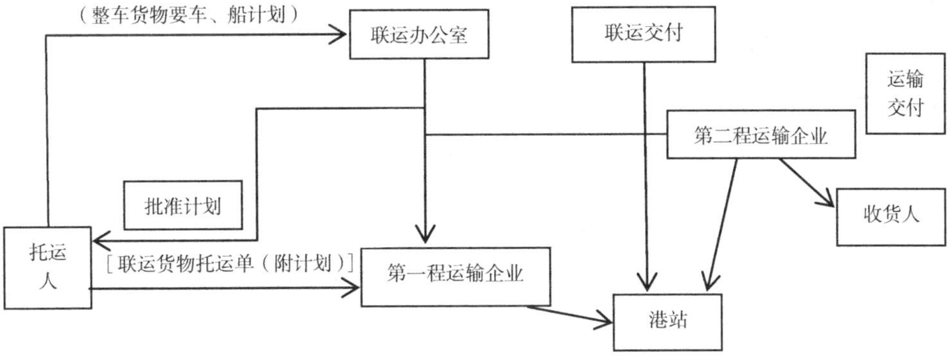

图 2-3 国际多式联运货物托运流程

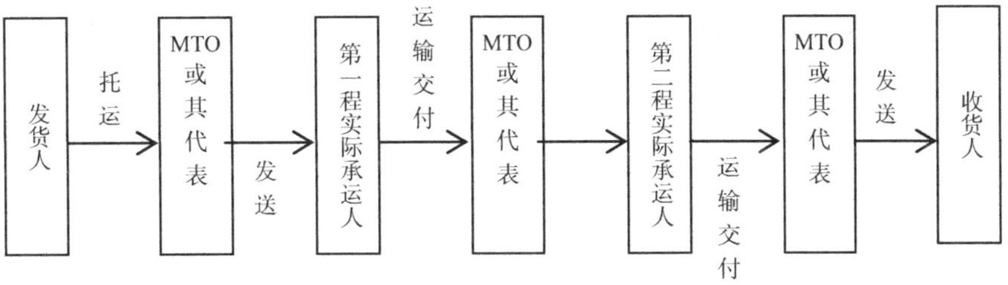

图 2-4 国际多式联运货物发货流程

2. 空箱的发放、提取及运送

在国际多式联运中，如果托运人需要使用集装箱，那么集装箱一般应该由多式联运经营人提供，其集装箱的来源可能为以下三个方面。

（1）多式联运经营人自己购置并在实际业务中使用的集装箱。

（2）由多式联运经营人向专业租箱公司进行租赁，这种租箱公司一般与多式联运经营人有长期的合作关系，其租箱地一般在发货地，而还箱地一般在货运的目的地。

（3）由多式联运经营人与其运输线路上某一分运人订立分区段运输合同并获得分运人集装箱的使用权，这种分运人一般自己拥有集装箱（一般为海上区段的实际承运人）。

在实际操作中，如果是整箱货，合同双方协议由发货人自行装箱的，则由多式联运经营人签发提箱单，或者由租箱公司或分运人签发提箱单交给发货人或其代理人，由发货人或其代理人在规定的日期到指定地点提箱，并自行将空箱拖运到货物装箱地点，准备装货。如果发货人委托，也可由经营人办理从堆场装箱地点的空箱拖运（这种情况需加收空箱拖运费）；如果是拼箱货（或是整箱货但发货人无装箱条件不能自装的），则由多式联运经营人将所有空箱调至接收货物的集装箱货运站，做好装箱准备。

3. 出口报关

如果多式联运是从内陆地区开始的，则应在附近的内陆地区海关报关；如果是从港口开始的，则在相应的港口报关。

出口报关事宜一般由发货人或其代理人办理，也可委托多式联运经营人代为办理（这种情况下加收报关手续费，并由发货人负责海关派员所产生的全部费用）。

报关时应提供场站收据、装箱单、出口许可证等有关单据和文件。

4．货物装箱

（1）自行装箱。如果协议规定由发货人自行装箱，则发货人或其代理人在办理海关报关后，在海关派员到装箱地点监督下进行装货，并办理相关加封事宜。

如需要理货，还应请理货人员现场理货并与之共同制作装箱单。

而对于这种由货主自行装箱的货物，多式联运经营人只需要在双方协议规定的地点接收货物即可。

（2）委托多式联运经营人或货运站装箱。如果是拼装货物，发货人应负责将货物运至指定的集装箱货运站，国际多式联运经营人在指定的货运站接收货物，在验收货物后，代表多式联运经营人接收货物的人应在堆场收据正本上签字并将其交给发货人或其代理人，并且由货运站按照多式联运经营人的要求装箱。

在国际多式联运中，装箱工作无论由谁负责，装箱人均需要制作装箱单，并办理海关监装与加封事宜。

5．接收货物

对于由货主自装箱的整箱货，发货人应负责将货物运至双方协议规定的地点，多式联运经营人或其代理人（包括委托的堆场业务员）在指定地点接收货物。如果是拼箱货，经营人在指定的货运站接收货物。验收货物后，代表联运经营人接收货物的人应在场站收据正本上签章并将其交给发货人或其代理人。

6．核收多式联运费用

国际铁路货物联运运送费用的计算和核收，必须遵循《国际货协》《统一货价》和我国的《铁路货物运价规则》的规定。多式联运货物运送费用包括货物运费、押运人乘车费、杂费和其他费用。

7．订舱及安排货物运送

多式联运经营人在合同订立之后，会根据托运人的托运要求和目的地等相关信息开始制订该批货物的运输计划，包括运输线路、运输方式、区段的划分、各区段实际承运人的选择确定及各区段衔接地点的到达、起运时间等内容，并与选定的各区段承运人签订分区段运输合同，分区段运输合同的订立可以直接通过多式联运经营人的分支机构或代理人与分运承运人签订，也可以委托前一区段的实际承运人签订并向后一区段承运人订舱并安排运输。

8．办理保险

在国际多式联运中，由于采用多种运输方式共同完成运输，且运输距离比较长，风险比较大，所以应对整个运输过程及运输货物进行投保以转嫁风险。

在托运货物方面，应由发货人办理货物运输险，也可委托多式联运经营人帮助办理并承担相应的费用，对货物的运输保险投保，可以进行全程投保，也可以分段投保。

对多式联运经营人来说，由于其对运输全程负责并提供集装箱，故应办理货物责任险及集装箱保险，由经营人或其代理人向保险公司或以其他形式办理。

9. 签发多式联运提单，组织完成货物的全程运输

多式联运经营人在收取托运人的货物后，应该向发货人签发多式联运提单，在提单上注明货物的名称、数量等相关内容，证明多式联运经营人已经接管货物，并开始对货物负责。同时根据双方订立合同议定的内容向发货人收取全部应付费用。

多式联运经营人有完成和组织完成全程运输的责任和义务。在接收货物并签发提单后，要组织各区段实际承运人、各派出机构及代理人共同协调工作，完成全程各区段的运输及各区段之间的衔接工作，以及运输过程中所涉及的各种服务性工作和运输单据、文件及有关信息等的组织和协调工作。

10. 运输过程中的海关业务

在国际多式联运的全程运输中，货物的通关手续及结关手续非常重要。按惯例，国际多式联运的全程运输（包括进口国内陆段运输）均应视为国际货物运输。因此该环节工作主要包括货物及集装箱进口国的通关手续、进口国内陆段保税（海关监管）运输手续及结关手续等内容。

11. 货物交付

货物在运抵目的地后，由国际多式联运经营人或其代理人在当地的分支机构向收货人发出通知，收货人在规定的时间内凭多式联运提单到指定地点提货；多式联运经营人按照合同收取收货人全部应付费用，并收回多式联运提单，签发提货单（交货记录，证明了持单人的提货权），提货人凭提货单到指定堆场（整箱货）和集装箱货运站（拼箱货）提取货物。提货后负责将集装箱运回指定堆场，此时，整个多式联运合同完成。

货物的通关主要包括集装箱进口国的通关手续和进口国内陆的保税手续等内容。如果在货物的多式联运过程中还需要通过第三国，则应该办理第三国的国家海关和内陆保税等手续。在运输过程中产生的各种通关保税费用均由发货人或收货人承担，一般由多式联运经营人代为办理，也可以由多式联运经营人委托各区段的实际承运人作为多式联运经营人的代表进行办理。

货物的结关手续主要在交货地办理。如果交货地在目的港口，则结关手续在港口所在的海关进行；如果交货地在目的国内陆地区，则货物在进入该国口岸时在当地口岸办理保税运输手续，由当地海关加封后继续运送至内陆交货地，并在内陆交货地当地海关办理结关手续。

这些涉及海关的手续一般由多式联运经营人的派出机构或代理人办理，也可由各区段的实际承运人作为多式联运经营人的代表办理，由此产生的全部费用应由发货人或收货人负担。

12．货运事故处理

如果货物在多式联运的全程运输中，发生了货差灭失、货损及延误所造成的损失等事故，无论造成损失的区段是何种区段，发货人或收货人均有权向国际多式联运经营人提出索赔，由多式联运承运人根据双方合同及多式联运提单条款确定责任形式并进行处理和赔偿。

具体处理如下：如能确知事故发生的区段和实际责任人，则可向其进行进一步索赔；如不能确定事故发生的区段，则一般按在海运段发生处理；如果货物已经向保险公司投保，则需要由受损人和多式联运经营人共同协商并向保险公司进行索赔，要求保险公司进行赔偿；如果受损人和责任人之间不能达成一致，则需通过在诉讼时效内提起诉讼和仲裁来解决。

习题演练

一、不定项选择题

1．OCP 运输是（　　）。

A．大陆桥运输　　B．内陆地点多式联运

C．内陆公共点运输　　D．小陆桥运输

2．以陆运为核心的多式联运主要包括（　　）。

A．驮背运输　　B．公铁联运　　C．大陆桥运输　　D．海铁联运

3．铁路货物运价按货物运输种类分为（　　）。

A．零担货物运价　　B．挂车货物运价

C．集装箱货物运价　　D．整车货物运价

4．铁路货运“五定”班列是指（　　）。

A．定点、定线、定车次、定货物、定价

B．定车组成员、定线、定车次、定时、定价

C．定车组成员、定线、定车次、定货物、定价

D．定点、定线、定车次、定时、定价

5．铁路规定，在办理国内危险货物运输时，必须由（　　）直接向铁路办理托运手续。

A．托运人　　B．具有资质的中间机构

C．铁路指定的代理人　　D．企业法定代表人

6．铁路运输中，必须按整车托运的货物是（　　）。

A．电视机　　B．服装　　C．汽车　　D．煤炭

7．铁路通用货车包括（　　）。

A．水泥车　　B．保温车　　C．敞车　　D．家畜车

8．（　　）方式能使载货汽车(或牵引车)的停歇时间缩短到最低限度，最大限度地利用牵引能力，提高运输效能。

A．联合运输　　B．甩挂运输　　C．驮背运输　　D．定时运输

二、判断题

1. 挂车可以单独作为一个完整的运输工具进行运输。(　　)

2. 不能同一批运输的货物，在特殊情况下，如不致影响货物安全、运输组织和赔偿责任的确定，经铁路有关部门确认也可同一批运输。(　　)

3. 剧毒药品是禁运货物。(　　)

4. 保价运输的货物和不按保价运输的货物可以同一批运输。(　　)

5. 国际多式联运服务质量控制的目的在于提高顾客满意度，避免顾客流失和发生物流事故。(　　)

6. 实行单一运费率是国际多式联运的特征之一。(　　)

7. 挂车的车身通常做成不同的车厢形式，以装运不同的货物。(　　)

8. 敞车可运输钢材和集装箱货物。(　　)

9. 平车主要用于装载高低不等的货物。(　　)

三、简答题

1. 什么是大陆桥运输?

2. 经过西伯利亚往返于欧亚之间的大陆桥运输路线主要有哪几条?

3. 简述海空联运的特点。

4. 国际多式联运的经营方式主要有哪几种?

5. 简述国际多式联运出口业务。

子情景四　国际多式联运合同和单证

学习目标

知识目标

- 了解国际多式联运合同条款
- 熟悉有关多式联运运输单证，特别是多式联运提单的使用

能力目标

- 能够制定国际多式联运合同
- 能够填写国际多式联运有关单据

素质目标

- 能够签订国际多式联运合同
- 熟悉且能够填制国际多式联运有关单证

项目背景

Allen 知道一个有关国际多式联运纠纷的案例，国内某公司与韩国某公司签订了销售合同，合同约定：该国内公司向韩国某公司出口价值 18 万美元的印染布，为履行该合同的交货义务，与天津某海运公司签订了多式联运合同，要求天津公司将货物从天津新港运至韩国内陆城市春川。在发货时，该国内公司应天津公司的要求，向天津公司出具了一个声明，表示韩国买方为唯一合法的收货人，提单只作为议付单据。在货物出运时，天津公司签发了联运提单，该提单托运人提供细目一栏注有“仅作议付用”字样。该国内公司交付货物后，天津公司将涉案货物从海路运至大连后转为公路运至丹东，最后通过铁路运至韩国内陆城市春川。由于收货人韩国某公司未向国内公司支付货款，致使该公司遭受了超过 18 万美元的损失，如果在韩国起诉，拿回钱的希望渺茫。该国内公司持有全套运输单证，决定向海事法院提起诉讼，请求法院判令天津公司承担无单放货的赔偿责任。

任务实施

步骤 1：接受托运申请，订立多式联运合同

步骤 2：签发多式联运提单，组织完成货物的全程运输

知识铺垫

该国内公司在货物出运时与天津公司签订了多式联运合同，根据我国《合同法》第三百一十七条的规定，多式联运经营人负责履行或者组织履行多式联运合同，对全程运输享有承运人的权利，承担承运人的义务。也就是说，不管是联运提单还是单纯的海运提单，功能都是相同的，即都具有货物收据、合同证明和承运人据以交付货物的凭证作用。在货物出运时该国内公司应天津公司的要求出具了一个声明，表示韩国买方为唯一合法的收货人，提单只作为议付单据。这时该国内公司就为自己埋下了隐患，或者说带来了风险。因为该国内公司出具的委托书、声明均可以作为合同的组成部分，依据合同中关于韩国买方为“唯一收货人”的约定，天津公司仅负有将货物交付韩国买方的合同义务，该国内公司再要求天津公司收回正本提单显然依据不足。在国际贸易中不仅要了解有关贸易的法律规定，还必须了解相关运输方式的法律规定。只有建立以事前防范、事中控制为主，事后补救为辅的管理机制，才能百战不殆。法律风险本身也是商业风险，不注意规避法律风险就要承担风险造成的损失。

一、国际多式联运合同的订立

在实践中，国际多式联运合同的订立主要有以下两种方式。

1. 托运人与经营多式联运业务的经营人订立合同

在此情况下，先是由托运人或者旅客与经营多式联运业务的经营人订立承揽运输合同，联运经营人为合同的承揽运输人（多式联运承运人）一方，托运人或旅客为合同的另一方。然后，联运经营人与各承运人签订运输协议。在这种情形下，联运经营人以自己的名义与托运人或旅客签订运输合同，承担全程运输义务，而实际上经营人于承揽运输任务后再将运输任务交由其他承运人完成。但托运人或旅客仅与联运经营人直接发生运输合同关系，而与实际承运人并不直接发生合同关系。因此，联运经营人处于一般运输合同的承运人的地位，享受相应的权利，并承担相应的责任。至于联运经营人与实际承运人之间的关系，则依其相互之间的协议而定。

2. 托运人与第一承运人订立运输合同

在此情况下，各个承运人为合同的一方当事人，而托运人或旅客为另一方当事人。各个承运人虽均为联运合同的当事人，但只有第一承运人代表其他承运人与托运人或旅客签订运输合同，其他承运人并不参与订立合同。第一承运人为联运承运人。

二、签订多式联运合同的注意事项

多式联运经营人负责履行或者组织履行多式联运合同，对全程运输享有承运人的权利，承担承运人的义务。多式联运经营人可以与参加多式联运的各区段承运人就多式联运合同的各区段运输约定相互之间的责任，但该约定不影响多式联运的承运人对全程运输承担的义务。多式联运经营人在收到托运人交付的货物时，应当签发多式联运单据。按照托运人的要求，多式联运单据可以是可转让单据，也可以是不可转让单据。因托运人托运货物时的过错造成多式联运经营人损失的，即使托运人已经转让多式联运单据，托运人仍然应当承担损害赔偿责任。货物的毁损、灭失发生于多式联运的某一运输区段的，多式联运经营人的赔偿责任和责任限额，适用调整该区段运输方式的有关法律规定。

三、多式联运单据的种类

多式联运单据在形式上和联运提单相仿，但联运提单承运人只对自己执行的一段运输负责，而多式联运承运人对全程负责。联运提单由船公司签发，包括水路运输在内的全程运输的多式联运单据由多式联运承运人签发，也包括全程运输的多种运输方式，但可以不包含水路运输。

1. 可转让的多式联运单据

（1）多式联运单据在以可转让的方式签发时，应列明按指示或向持票人交付。如列明按指示交付，须经背书后转让；如列明向持票人交付，无须背书即可转让；如签发一套一份以上的正本，应注明正本份数；如签发任何副本，每份副本均应注明“不可转让副本”字样。

（2）只有交出可转让多式联运单据，并在必要时经正式背书，才能向多式联运经营人或其代表提取货物。

（3）如签发一套一份以上的可转让多式联运单据正本，而多式联运经营人或其代表已正当地按照其中一份正本交货，该多式联运经营人便已履行其交货责任。

2．不可转让的多式联运单据

（1）多式联运单据在以不可转让的方式签发时，应指明记名的收货人。

（2）多式联运经营人将货物交给此种不可转让的多式联运单据所指明的记名收货人或经收货人通常以书面正式指定的其他人后，该多式联运经营人即已履行其交货责任。

四、多式联运单据的签发

（1）多式联运经营人在接管货物时，应签发多式联运单据，该单据应依发货人的选择，或为可转让单据或为不可转让单据。

（2）多式联运单据应由多式联运经营人或经其授权的人签字。

（3）多式联运单据上的签字，如不违背签发多式联运单据所在国的法律，可以是手签、手签笔迹的复印、打透花字、盖章、符号，或者用任何其他机械或电子仪器打出。

（4）经发货人同意，可以用任何机械或其他保存多式联运单据应列明的事项的方式，签发不可转让的多式联运单据。在这种情况下，多式联运经营人在接管货物后，应交给发货人一份可以阅读的单据，载有用此种方式记录的所有事项，且这份单据应被视为多式联运单据。

五、多式联运单据的保留

根据《联合国国际货物多式联运公约》的规定，多式联运经营人对多式联运单据中的有关记载事项可以做出保留。

（1）如果多式联运经营人或其代表知道，或有合理的根据怀疑多式联运单据所列货物的品类、主要标志、包数或件数、重量或数量等事项没有准确地表明实际接管货物的状况，或无适当方法进行核对，则该多式联运经营人或其代表应在多式联运单据上做出保留，注明不符之处、怀疑的根据或“无适当核对方法”字样。

（2）如果多式联运经营人或其代表未在多式联运单据上对货物的外表状况加以批注，则应视为其已在多式联运单据上注明货物的外表状况良好。

六、多式联运单据的法律效力

对于多式联运单据的可转让性，我国的《国际多式联运管理规则》也有规定。根据该规则，多式联运单据的转让依照下列规定执行。

（1）记名单据：不得转让。

（2）指示单据：经过记名背书或者空白背书转让。

（3）不记名单据：无须背书即可转让。

七、国际多式联运单据的内容

多式联运单据是多式联运经营人、实际分承运人、发货人、收货人之间进行业务活动的凭证，可以作为货物的收据和交货的凭证，证明货物相关具体情况。因此，提单内容的准确、完整、清楚，对保证货物的正常交接、货物运输、责任划分等具有重要的意义。

（1）货物品类、识别货物所必需的主要标志，如属危险货物，其危险特性的明确声明、包数或件数、货物的毛重或其他方式表示的数量等，所有事项信息均由发货人提供。

（2）货物的外表状况。

（3）多式联运经营人的名称和主要营业所。

（4）发货人名称。

（5）如经发货人指定收货人，则需要指明收货人的名称。

（6）多式联运经营人接管货物的地点和日期。

（7）交货地点。

（8）如经双方明确协议，则需要指明在交付地点交货的日期或期间。

（9）表示该多式联运单据为可转让或不可转让的声明。

（10）多式联运单据的签发地点和日期。

（11）多式联运经营人或经其授权的人的签字。

（12）如经双方明确协议，则需要指明每种运输方式的运费；或者应由收货人支付的运费，包括用以支付的货币；或者关于运费支付的其他说明。

（13）如在签发多式联运单据时已经确知，则需要指明预期经过的路线、运输方式和转运地点。

（14）如不违背签发多式联运单据所在国的法律，则应有双方同意列入多式联运单据的任何其他事项。

但是以上一项或者多项内容的缺少，不影响单据作为多式联运单据的性质。此外，可以根据实际需要和具体情况，在不违背相关国家法律的基础上加注其他项目。

案例解析

“一带一路”倡议

“一带一路”（The Belt and Road，B&R）是“丝绸之路经济带”和“21 世纪海上丝绸之路”的简称。它将充分依靠中国与有关国家既有的双多边机制，借助既有的、行之有效的区域合作平台，“一带一路”旨在借用古代丝绸之路的历史符号，高举和平发展的旗帜，积极发展与沿线国家的经济合作伙伴关系，共同打造政治互信、经济融合、文化包容的利益共同体、命运共同体和责任共同体。

（1）发展历程。2015 年 3 月 28 日，国家发展改革委、外交部、商务部联合发布了《推动共建丝绸之路经济带和 21 世纪海上丝绸之路的愿景与行动》。

“一带一路”经济区开放后，承包工程项目突破 3 000 个。2015 年，我国企业共对“一带一路”相关的49个国家进行了直接投资，投资额同比增长18.2%。2015年，我国承接“一带一路”相关国家服务外包合同金额178.3亿美元，执行金额121.5亿美元，同比分别增长42.6%和23.45%。

2016年6月底，中欧班列累计开行1881列，其中回程502列，实现进出口贸易总额170亿美元。2016年6月起，中欧班列穿上了统一的“制服”，深蓝色的集装箱格外醒目，品牌标志以红、黑为主色调，以奔驰的列车和飘扬的丝绸为造型，成为丝绸之路经济带蓬勃发展的最好代言与象征。

（2）三大共同体。即责任共同体、命运共同体、利益共同体。其实质是政治互信、经济融合、文化包容。

（3）四大理念。和平合作、开放包容、互利共赢、互学互鉴。

（4）合作机制。第一，加强双边合作，开展多层次、多渠道沟通磋商，推动双边关系全面发展。推动签署合作备忘录或合作规划，建设一批双边合作示范企业。建立完善双边联合工作机制，研究推进“一带一路”建设的实施方案、行动路线图。充分发挥现有联委会、混委会、协委会、指导委员会、管理委员会等双边机制作用，协调推动合作项目实施。

第二，发挥现有多边合作机制作用，相关国家加强沟通。强化多边合作机制作用，发挥上海合作组织（SCO）、中国—东盟“10+1”、亚太经合组织（APEC）、亚欧会议（ASEM）、亚洲合作对话（ACD）、亚信会议（CICA）、中阿合作论坛、中国—海合会战略对话、大湄公河次区域（GMS）经济合作、中亚区域经济合作（CAREC）等现有多边合作机制作用，相关国家加强沟通，让更多国家和地区参与“一带一路”建设。

第三，发挥沿线各国区域、次区域相关平台的建设性作用。继续发挥沿线各国区域、次区域相关国际论坛、展会及博鳌亚洲论坛、中国—东盟博览会、中国—亚欧博览会、欧亚经济论坛、中国国际投资贸易洽谈会，以及中国—南亚博览会、中国—阿拉伯博览会、中国西部国际博览会、中国—俄罗斯博览会、前海合作论坛等平台的建设性作用。支持沿线国家地方、民间挖掘“一带一路”历史文化遗产，联合举办专项投资、贸易、文化交流活动，办好丝绸之路（敦煌）国际文化博览会、丝绸之路国际电影节和图书展。倡议建立“一带一路”国际高峰论坛。

习题演练

一、单项选择题

1. 多式联运是指在铁路、公路、海洋、内河和航空等不同运输方式中，至少有（　　）运输方式参加，共同完成全程的货物运输。

A. 一种　　　　B. 两种

C. 一种及以上　　　　D. 两种及以上

2. 国际多式联运所应具有的特点不包括（　　）。

A. 签订一份运输合同

B．采用一种运输方式

C．采用一次托运

D．一次付费

3．亚欧大陆桥东起（　　），西至荷兰鹿特丹港，是连接太平洋西岸与大西洋东岸，跨越欧亚大陆的又一欧亚大陆桥。

A．中国连云港

B．印度加尔各答

C．美国纽约港

D．加拿大温哥华

4．有关 OCP 的说明，下列（　　）是错误的。

A．OCP 涉及海铁两种运输方式，但不是真正意义上的多式联运

B．货物运抵美国的内陆公共点地区

C．卖方的责任、费用终止于美国西海岸港口

D．所签发的提单适用于全程运输区段

5．大陆桥运输的货物是（　　）。

A．件杂货

B．小型国际标准集装箱

C．中型国际标准集装箱

D．大型国际标准集装箱

6．在下面的大陆桥中，世界上出现最早的一条是（　　）。

A．南亚大陆桥

B．北美大陆桥

C．南美大陆桥

D．新亚欧大陆桥

二、简答题

1．简述国际多式联运的优越性。

2．简述多式联运经营人的性质与法律地位。

3．简述网状责任制、统一责任制、修正统一责任制之间的差异。

4．简述多式联运单据和海运提单的差别。

5．简述国际多式联运单据的内容。

实践操作

实践任务一：中国甲公司与法国乙公司于 2003 年 10 月签订了购买 300 吨化肥的合同，由德国某航运公司“NEW ORIENTIATION”号将该批货物从法国马赛港运至中国青岛港。

“NEW ORIENTITION”号在航行途中遇小雨，因货舱舱盖不严使部分货物遭受雨淋，受到损失。问：根据《海牙规则》的规定，承运人应否赔偿货物因遭受雨淋导致的损失？为什么？

实践任务二：上海一公司（以下称发货人）出口30万美元的皮鞋，委托集装箱货运站装箱出运。发货人在合同规定的装运期内将皮鞋送货运站，并由货运站在卸车记录上签收后出具仓库收据。该批货物出口提单记载CY—CY运输条款、SLAC（由货主装载并计数）、FOB价、由国外收货人买保险。国外收货人在提箱时箱子外表状况良好，关封完整，但打开箱门后发现一双皮鞋也没有。

问：（1）收货人向发货人提出赔偿要求，发货人可以拒赔吗？为什么？

（2）收货人向承运人提出赔偿要求，承运人可以拒赔吗？为什么？

情景三

跨境 B2C 物流方式

子情景一　邮政快递

学习目标

知识目标

- 了解中国邮政航空大小包的特点、方法途径，熟悉运费计算方法，并掌握基本原则
- 了解 e 邮宝的特点、方法途径，熟悉运费计算方法，掌握基本原则
- 了解 EMS 的特点、方法途径，熟悉运费计算方法，掌握基本原则

能力目标

- 能进行中国邮政航空大小包的国际运费计算，根据包裹特点选择合适物流出运，根据物流单号跟踪查询国际物流包裹运输进展
- 能进行 e 邮宝的国际运费计算，根据包裹特点选择合适物流出运，根据物流单号跟踪查询国际物流包裹运输进展
- 能进行 EMS 的国际运费计算，根据包裹特点选择合适物流出运，根据物流单号跟踪查询国际物流包裹运输进展

素质目标

- 充实业务知识
- 培养心态积极、乐观向上的工作态度
- 提高对物流问题的应变能力

项目背景

小李毕业后在浙江锦迪电子商务有限公司实习，主要负责运营跨境 B2C 速卖通、亚马逊、敦煌和 WISH 平台。在工作中，小李意识到，物流的选择直接影响订单的履行成本和

客户的购物体验，从而影响公司店铺的后续经营。目前，邮政物流是小李运营跨境 B2C 平台使用最多的物流方式，中国邮政航空小包出关不会产生关税或清关费用，但在目的地国家进口时有可能产生进口关税，具体根据每个国家海关税法的规定而各有不同，但相对其他商业快递来说，航空小包能最大限度地避免关税。

任务实施

步骤 1：了解当前跨境电商采用的中国邮政航空大小包、e 邮宝、EMS 的种类、物流的重量和体积要求，运送时效及其优劣势等

步骤 2：根据包裹的目的地和时效要求，选择合适的物流方式

知识铺垫

中国邮政航空小包又称中国邮政小包、邮政小包、航空小包、中邮小包；中国邮政航空大包又称中国邮政大包、中国邮政国际大包裹、中邮大包，它们包含挂号、平邮两种服务形式，可寄达全球各个邮政网点。中国邮政速递物流公司经营的跨境电商产品有 e 邮宝、e 速宝、EMS、E 特快、中邮海外仓（跨境电商出口）和中邮海外购（跨境电商进口）等。据不完全统计，70%的中国跨境电商 B2C 出口业务的包裹都是邮政系统负责投递的，其中，中国邮政约占 50%的份额，其他有新加坡邮政、香港邮政、瑞士邮政等。邮政物流优势明显，一是邮政网络基本覆盖全球，只要有邮局的地方包裹都能抵达。一般来说，全球各地的包裹在 15~30 天都能到达目标客户的手中；二是通常各国邮政都是国家经营的，税收支持使其价格较为便宜，在海关、航空等部门享有优先处理权，因此清关最便捷。劣势是丢包率高，速度较慢。

一、中国邮政航空小包

中国邮政航空小包，是中国邮政针对 2 千克以下的轻小物品的空邮服务，运送范围为全球 217 个国家及地区，是跨境电子商务物流卖家，尤其是新手卖家的首选物流方案。在实际操作中，会看到以收寄地市局命名的小包，比如上海小包、杭州小包、北京小包等。

中邮小包包括平邮小包和挂号小包两种。平邮小包不受理查询；挂号小包大部分国家可全程跟踪，部分国家只能查询签收信息，部分国家不提供信息跟踪服务。

1. 航空小包基本说明

（1）参考时效。

① 到达亚洲邻国的时效为 5~10 天。

② 到达欧美主要国家的时效为 7~15 天。

③ 其他地区和国家 30 天以上。

这只是一个基本的时效，有时候包裹处理顺畅，没有积压，就不会延误，如果遇到销

售旺季就可能出现不同程度的延误。

（2）服务优势。

① 全球递送，退件免费。

② 清关能力强，享有海关、航空等优先处理权。

③ 运费经济、便宜，可以送达全球各个邮政网点。

④ 国内邮政货代服务发达，提供折扣等优惠活动。

⑤ 当日收件处理，直接送至机场邮政处理中心发往目的地。

（3）中邮小包对货物的限制。

① 重量限制：包裹重量≤2kg；挂号寄往沙特阿拉伯≤1kg。

② 尺寸限制：非圆筒形货物和圆筒形货物，如图 3-1 所示。

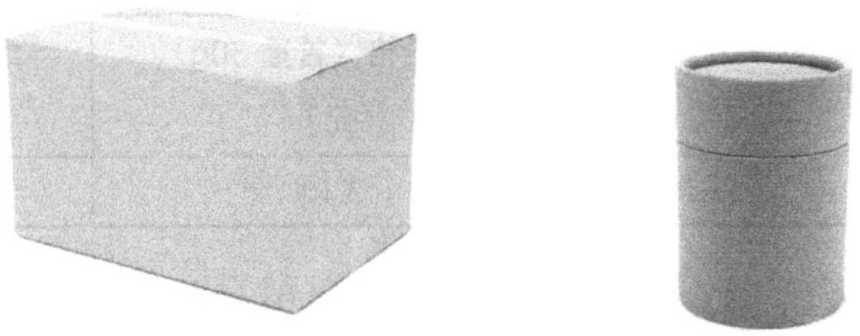

图 3-1　非圆筒形货物和圆筒形货物

非圆筒货物：长+宽+高≤90cm，单边长≤60cm，长≥14cm，宽度≥9cm。

圆筒形货物：直径的两倍+高≤104cm，单边高≤90cm，直径的两倍+高≥17cm，高≥10cm。

（4）货物追踪，主要有以下四点内容。

① 平邮小包不接受查询。

② 挂号小包大部分国家可以全程跟踪。

③ 部分国家只能查询签收信息。

④ 部分国家不提供信息跟踪服务。

在包裹发出 1 个月后，若收件人未收到，可向中国邮政申请查询。查询周期一般为 3~6 个月。

2. 中国邮政航空小包资费标准及资费运算

挂号资费=标准资费×实际重量×折扣+挂号费

平邮资费=标准资费×实际重量×折扣

需要注意的内容主要有以下四点。

（1）运费根据包裹重量按克计费，1g 起重，每个单件包裹限重在 2kg 以内。

（2）在计算时，实际重量=产品重量+包装重量。

（3）挂号件，每件加收挂号费不等。

（4）不同地市局在不同时段给出的折扣有变化。

例如：

锦迪公司有一个包裹（重量 0.2kg，体积为 40cm×25cm×15cm）邮寄到韩国，当前无折扣，　正向配送费 20.47 元/kg。

（1）小李可以选择中邮小包寄送该包裹吗？

（2）小李若选择中邮小包寄送该包裹，则该包裹的运费是多少？

包裹重量 200g，小于 2kg，长宽高相加，40+25+15=80（cm），小于 90cm，满足中邮小包对货物的限制，可以选用小包物流。

中国邮政平常小包 2018 年 8 月报价表如表 3-1 所示。

表 3-1　中国邮政平常小包 2018 年 8 月报价表

配送范围/目的地国家/地区列表			首重价格（首重 30g）（元）	续重价格（按 g 续重）（元）/kg
韩国	Korea	KR	3.10	100.00

中国邮政平常小包运费：3.10+（200−30）/1000×100=3.10+17=20.1（元）。

中国邮政挂号小包 2018 年 8 月报价表如表 3-2 所示。

表 3-2　中国邮政挂号小包 2018 年 8 月报价表

配送范围/目的地国家/地区列表			0~150g（含 150g）		151~300g（含 300g）		301~2 000 克	
			正向配送费（根据包裹重量按克计费）	挂号服务费	正向配送费（根据包裹重量按克计费）	挂号服务费	正向配送费（根据包裹重量按克计费）	挂号服务费
			元/kg	元/单	元/kg	元/单	元/kg	元/单
韩国	Korea	KR	20.47	16.60	20.47	16.60	20.47	16.60

中国邮政挂号小包运费：20.47×0.2+16.60=20.694（元）。

3. 操作说明

（1）部分城市提供上门揽收服务，非揽收区域，卖家可自行寄送至集运仓库。

（2）中国邮政航空小包只能贴中国邮政格式的报关单，不能贴香港邮政报关单。

（3）收件人姓名、地址须用英文填写完整。

（4）中国邮政小包报关单上内件物品、数量、重量及价值须填写完整。

（5）中国邮政小包报关单上寄件人签名处，请客户签署自己的中文姓名。

（6）包装要完好，不易破损，在包装袋外侧除地址标签外，尽量不带其他无关标识。对于易碎品，最好在外包装上贴有易碎品的标志，在邮包正面的中间位置贴上地址标签。

二、中国邮政航空大包

中国邮政航空大包又称中国邮政大包、中国邮政国际大包裹、中邮大包、航空大包等，是区别于中国邮政小包、中国邮政 EMS 的新业务，是中国邮政为适应大抛货的国际快递业务需求的客户而开发的一项服务，适合邮寄重量在 2kg 以上的包裹，可寄达全球 200 多个国家和地区，对时效性要求不高而重量稍重的货物，可选择使用此方式发货。

中国邮政大包分为三种：①中国邮政航空大包；②中国邮政空运水运路大包；③中国邮政水陆路大包。顾名思义，以上分类是以中国邮政大包的运输方式进行的分类命名。通常我们说的中国邮政大包是指中国航空大包，在航空大包中时效最高，水运费用最低，但是使用者最少。

1. 航空打包基本说明

（1）参考时效。

① 到达亚洲邻国的时效为 5~7 天，

② 到达东南亚地区时效为 3~4 天。

③ 航空大包通常为 10~15 天，水路大包为 10~15 天，水路大包为 2 个月左右。

备注：国际邮件运输时效视距离远近、淡旺季节情况有较大的变化。

（2）服务优势，主要体现在以下三个方面。

① 运费便宜，不计算体积重量，没有偏远附加费，没有燃油附加费。

② 交寄相对方便，可以到达全球各地，只要有邮局的地方都可以到达。

③ 中国邮政大包有超强的通关能力，手机、电池产品、MP3 等都可以发。

（3）体积重量。体积重量是运输行业内的一种计算轻抛货物重量的方法。体积重量是将货物体积利用折算公式获得的货物重量。航空公司规定，在货物体积小、重量大时，按实际重量计算；在货物体积大、重量小时，按体积计算。

国际体积重量计算公式：

长度（cm）×宽度（cm）×高度（cm）/5 000 =以 kg 为单位的体积重量。

例如：货物的包装尺寸是 30cm（长）×20cm（宽）×20cm（高），那么它的体积重量就是 30×20×20/5 000=2.4（kg）。

（4）中国邮政大包对货物的限制，主要有重量限制、尺寸限制、体积限制和申报价值限制。

① 重量限制。0.1kg≤重量≤30kg（部分国家不超过 20kg），每票快件不能超过 1 件。

② 尺寸限制。长≤120cm，周长≤3m。中国邮政大包最小尺寸限制为：最小边长不小于 0.24m、宽不小于 0.16m。

③ 体积限制。单边≤1.5m，长度+长度以外的最大横周≤3m；单边≤1.05m，长度+长度以外的最大横周≤2m。

④ 申报价值限制。申报价值不宜超过 120 美元。

（5）跟踪和查询。

① 包裹信息可在中国邮政网查询，并且有全程跟踪。

② 如在邮包发出后，1 个月仍未妥投，可向邮局要求查询，邮局查询回复通常为 2~6 个月。

③ 包裹离开当天可在中国邮政网查询信息，并且有全程跟踪。查询网址：http://intmail.183.com.cn 。

④ 退件说明。中国邮政大包退件根据选择的退回方式收取对应的运费。退回大陆有进口费用。客户在填单的时候确认是否退回。如果没有填写，则默认弃件。

2．中国邮政航空大包资费标准及资费运算

（1）中国邮政大包首重 1kg，续重 1kg（续重不满 1 kg 按 1 kg 计算）的计费方式计算，挂号费为 12.5 元。

（2）运费计算方法：运费=（首重运价+续重运价 × 续重重量）× 折扣+挂号费。

案例 1

小李在圣诞节前夕需要发送一件货物到美国，包裹的重量为 3.5kg，单边长为 1.4m，长度+长度以外的最大横周为 2.5m，可以发送中国邮政航空大包吗？请计算其运费，假定从货代处拿到的折扣为 9 折。

经查询，到美国每 kg 158.5 元，续重每 kg 95 元，续重不满 1kg 按 1kg 计算。所以，该包裹的运费=（首重运价+续重运价×续重重量）×折扣+挂号费=（158.5+95×3）×0.9+12.5=411.65（元）。

3．操作说明

（1）收件人姓名和地址应用英文准确、详细地填写，并且应尽可能提供电话号码，以便在出现问题时能够及时联系。

（2）不可只将邮政信箱号码作为收件人地址；邮政部门对因邮件地址错误或不详所造成的投递延误不承担责任。

（3）为确保邮件安全，邮件请使用符合规定的封装材料，按照内装物品性质妥为封装。

（4）为保证物品类邮件顺利通关，请用英文准确、详细地在运单上填写货物品名、件数、申报价值等项目。

（5）除香港以外寄往其他国家和地区的速递邮件，单件重量不能超过 30 kg，每票快件不能超过 1 件。

（6）不同国家，尺寸限制要求亦不同，正常情况下最大横周长不得超过 2m。

三、国际 e 邮宝

国际 e 邮宝，是中国邮政速递物流公司适应跨境电商轻小件物品寄递市场需要，为中国卖家量身定制的一款经济型国际速递业务。e 邮宝属于 EMS 旗下品牌，主要针对 2kg 以下的轻小物品的空邮服务（以色列 3kg 以内）。

1. 国际 e 邮宝基本说明

（1）投递范围。

① 美国——本土，本土以外所有属地及其海外军邮地址。

② 英国——本土及海峡群岛、马恩岛。

③ 法国——仅本土区域（邮编范围为 01~95 开头的地区）；海外属地无法投递，包括科西嘉、瓜德罗普、马提尼克、法属圭亚那、留尼旺、圣皮埃尔和密克隆、马约特。

④ 其他国家——仅本土。

（2）参考时效。

① 墨西哥 20 个工作日。

② 沙特、乌克兰、俄罗斯 7~15 个工作日。

③ 其他路向 7~10 个工作日

销售旺季（如“双十一”期间）、节假日、政策调整、偏远地区等需要 15~20 个工作日到达目的地。

（3）服务优势，主要体现在以下三个方面。

① 经济实惠，价格低于 EMS。

② 时效快，时间为 3~15 天。

③ 服务优良，提供包裹跟踪号，一站式操作。

（4）中邮小包对货物的限制，主要有重量限制和尺寸限制两个方面。

① 重量限制：包裹重量≤2kg；寄往以色列≤3kg。

② 尺寸限制：

第一，单件最大尺寸：

非圆筒货物：长+宽+高≤90cm，单边长≤60cm，

圆筒形货物：直径的两倍+高≤104cm，单边长≤90cm；

第二，单件最小尺寸：

非圆筒货物：长≥14cm，宽≥11cm，

圆筒形货物：直径的两倍+高≥17cm，高≥11cm。

（5）货物追踪。国际 e 邮宝提供收寄、出口封发、进口接收实时跟踪查询信息，不提供签收信息，只提供投递确认信息。客户可以通过 EMS 网站或拨打客服专线、寄达国邮政网站、eBay 网站中查看邮件跟踪信息。

（6）赔偿及退件服务。暂不提供邮件的丢失、延误、损毁补偿、查验等附加服务。对于无法投递或收件人拒收的邮件，提供集中退回服务。

2. 国际 e 邮宝资费计算

（1）资费计算方法：资费=处理费+标准资费×实际重量×折扣。

（2）备注：香港路向，广东省执行促销资费：17 元/件，0.02 元/g。

（3）德国 e 邮宝（邮政渠道）目前仅在深圳市、东莞市、福建省试运行。

（4）泰国 e 邮宝目前仅在广东省、福建省、浙江省、云南省和上海市试运行。

案例 2

一位美国客人在小明的店铺购买了一顶帽子（含包装），重量为 150g。如果选择 e 邮宝运输，因为正值销售旺季，无折扣。请计算运费，并告知大致的运输时效。

美国路向国际 e 邮宝 2018 年 8 月报价表如表 3-3 所示。

表 3-3　国际 e 邮宝 2018 年 8 月报价表

国家/地区列表			起重（g）	重量资费（元/kg）（每 1g 计重，以色列限重 3kg，其他国家限重 2kg）	操作处理费（元/包裹）
United States	US	美国	50	80	10

运费=重量资费×实际重量×折扣+操作处理费=80×0.15+10=22（元）

3．操作说明

（1）收件人姓名和地址应用英文准确、详细地填写，并且应尽可能提供电话号码，以便在出现问题时能够及时联系。

（2）不可只将邮政信箱号码作为收件人地址；邮政部门对因邮件地址错误或不详所造成的投递延误不承担责任。

（3）为确保邮件安全，邮件请使用符合规定的封装材料，按照内装物品性质妥为封装。

（4）为保证物品类邮件顺利通关，应用英文准确、详细地在运单上填写货物品名、件数、申报价值等项目。

（5）邮件交寄环节，可以拨打客服热线 11183 选择上门揽收，或自送到附近任意 EMS 揽收网点。

四、国际 EMS

国际 EMS（国际及台港澳特快专递）是中国邮政速递物流股份有限公司与各国（地区）邮政合作开办的中国大陆与其他国家、台港澳间寄递特快专递邮件的一项服务，可为用户快速传递国际各类文件资料和物品，同时提供多种形式的邮件跟踪查询服务。此外，邮政速递物流还提供代客包装、代客报关等一系列综合延伸服务。

1．国际 EMS 基本说明

（1）投递范围。国际及港澳台速递邮件，分为九大区，直达 99 个国家和地区。

九大区分别为，一区：中国澳门、中国台湾、中国香港；二区：朝鲜、韩国、日本；三区：菲律宾、柬埔寨、马来西亚、蒙古、泰国、新加坡、印度尼西亚、越南；四区：澳大利亚、巴布亚新几内亚、新西兰；五区：美国；六区：爱尔兰、奥地利、比利时、丹麦、德国、法国、芬兰、荷兰、加拿大、卢森堡、马耳他、南非、挪威、葡萄牙瑞典、瑞士、西班牙、希腊、意大利、英国；七区：巴基斯坦、老挝、孟加拉国、尼泊尔、斯里兰卡、土耳其、印度；八区：阿根廷、阿联酋、巴拿马、巴西、白俄罗斯、波兰、俄罗斯、哥伦比亚、古巴、圭亚那、捷克、秘鲁、墨西哥、乌克兰、匈牙利、以色列、约旦、黎巴嫩；

九区：阿曼、埃及、埃塞俄比亚、阿塞拜疆、爱沙尼亚、巴林、保加利亚、博茨瓦纳、布基纳法索、刚果（布）、刚果（金）、哈萨克斯坦、吉布提几内亚、加纳、加蓬、卡塔尔、开曼群岛、科特迪瓦、科威特、克罗地亚、肯尼亚、拉脱维亚、卢旺达、罗马尼亚、马达加斯加、马里、摩洛哥、莫桑比克、尼日尔、尼日利亚塞内加尔、塞浦路斯、沙特阿拉伯、突尼斯、乌兹别克斯坦、乌干达、叙利亚、伊朗、伊拉克、乍得。

（2）参考时效。

① 东南亚地区 10~20 天。

② 美国/加拿大 15~17 天。

③ 欧洲 12~18 天。

④ 中东 10~24 天。

EMS 在配送过程中一般在国内段由中国 EMS 配送，而到达国外需要经过海关，最后交给目的国邮政配送，整体时效可能变得不可控。

（3）服务优势，主要体现在以下四个方面。

① 清关便捷。

② 全程查询，信息安全。

③ API 对接，在线下订单，批量处理。

④ 时限提速，省时省力。

（4）国际 EMS 对货物的限制，主要有重量限制和尺寸限制。

① 重量限制：寄往香港地区的邮件或者包裹重量≤40kg；寄往其他国家和地区的邮件或者包裹重量≤30kg。

② 尺寸限制，主要有以下五个标准。

标准 1：任何一边的尺寸都不得超过 1.5m，长度和长度以外的最大横周合计不得超过 3.0m。

标准 2：任何一边的尺寸都不得超过 1.05m，长度和长度以外的最大横周合计不得超过 2.0m。

标准 3：任何一边的尺寸都不得超过 1.05m，长度和长度以外的最大横周合计不得超过 2.5m。

标准 4：任何一边的尺寸都不得超过 1.05m，长度和长度以外的最大横周合计不得超过 3.0m。

标准 5：任何一边的尺寸都不得超过 1.52m，长度和长度以外的最大横周合计不得超过 2.74m。

当邮件的体积重量大于实际重量时，邮件的运费标准按照其体积重量予以收取。具体计算公式为长（cm）×宽（cm）×高（cm）/8 000=体积重量。

（5）货物追踪。查询 EMS 邮件可以拨打 EMS 客户服务电话（当地电话区号+11185）；也可通过链接进入相关国家和地区邮政网站查询，国际 EMS 客服电话 11183。

（6）赔偿。EMS 邮件在寄递过程中因非客户过失而发生丢失、短少、损毁和延误，邮局予以赔偿，但对间接损失和未实现的利益不承担赔偿责任。属于下列情况的，邮局不承担赔偿责任。

① 由于不可抗力造成的（保价邮件除外）。

② 寄递的物品违反禁寄或限寄规定，经主管机关没收或依照有关法规处理的。

③ 投交时邮件封装完好，无拆动痕迹，并且收件人已按规定手续签收，事后收件人发现内件短少或损毁的。

④ 由于客户的责任或所寄物品本身的原因造成邮件损失或延误的。

⑤ 客户自交寄邮件之日起至查询期满未查询又未提出赔偿要求的。

⑥ 国际邮件被寄达国按其国内法令扣留、没收或销毁的。

2. 国际 EMS 资费计算

（1）先计算货物的体积重量。

（2）当邮件的体积重量大于实际重量时，邮件的运费标准按照其体积重量予以收取。

（3）具体计算公式为：长（cm）×宽（cm）×高（cm）/8 000=体积重量。

案例 3

一位爱尔兰客人在小明店铺购买了一双鞋子，含包装重量为 450g，包装尺寸为 40cm×15cm×10cm，店铺拟选用国际 EMS 邮寄给客人，计算运费。

爱尔兰国际 EMS 报价表如表 3-4 所示。

表 3-4 爱尔兰国际 EMS 报价表

资费区	通达国家（地区）	价格（元）			参考时效（工作日）	最高限重（kg）	最大尺寸限制（m）
		首重（500g）		续重（500g）			
		文件	物品				
六区	爱尔兰、奥地利、比利时、丹麦、德国、法国、芬兰、荷兰、加拿大、卢森堡、马耳他、南非、挪威、葡萄牙瑞典、瑞士、西班牙、希腊、意大利、英国	220	280	75	7~10	30	标准 1

经查询国际 EMS 报价，中国到爱尔兰的报价为 280 元/500g，货物重量每增加 500g（不足 500g 按 500g 计算），运输费用增加 75 元。

货物的体积重量=40×15×10/8 000=0.75（kg）=750（g）。

由于货物的含包装重量为 450g，毛重小于体积重量，所以按照体积重量 750g 计算运费。

货物运费=280+75=355（元）。

3. 操作说明

（1）为保证物品类邮件顺利通关，寄件人在交寄邮件时应用英文或法文逐项详细、准确、如实地填写内件品名、件数、申报价值及原产地等项目，同时，任何物品类邮件都应随附以英文填写的邮政 CN23 报关单和形式发票，一式两份，否则可能导致通关延误。

（2）收、寄件人姓名和地址应详细准确，并且应尽可能提供电话号码，以便在出现问题时及时联系；不可只将邮政信箱号码作为收件人地址；邮政部门对因邮件地址错误或不详所造成的投递延误不承担责任。

（3）邮件内不得夹寄现金、危险品等《邮政法》及其实施细则、寄达国（地区）法律所规定的禁寄物品，以及航空公司禁止作为邮件交运的物品；对寄件人违反禁、限寄规定所造成的一切损失，邮政部门将保留追究其法律责任的权利。

（4）邮件应使用符合邮政规定的封装材料，按照内装物品性质妥为封装，以确保邮件安全。

案例解析

跨境电商 B2C 卖家遇到的最常见纠纷问题，分别有买家未收到货或只收到部分商品、承诺时间内未收到货、包裹滞留海关。针对这些物流方面的纠纷，以下将分成四个环节进行解析：

A. 提起纠纷的原因

B. 提起纠纷后买卖双方的做法

C. 平台介入后如何处理

D. 如何避免该类纠纷

案例一：未收到货——货物在途中（未在承诺时间到货）

1. 提起纠纷的原因

该笔订单中承诺运达时间到期，买家未收到货物，提起纠纷。

2. 提起纠纷后买卖双方的做法

买家：提起纠纷，要求全额退款。

卖家：拒绝纠纷，告知愿意线下打款，要求买家提供打款账号。

（亲爱的朋友，我们已经支付到您的贝宝，请查收并帮我们取消纠纷，谢谢。）

3. 平台介入后如何处理

平台介入后，邮件双方告知情况。

（1）告知买家：部分包裹在途，建议等待，如果包裹妥投请确认收货。

（运单号显示该货物正在运输中，我们将要求卖方在 3 个工作日内联系船厂确认包裹状态。如果您已经收到了完好无损的货物，请取消索赔并确认收货。）

（2）告知卖家：货物运输时间已经超过承诺运达时间，建议与买家积极沟通。

（关于此纠纷订单，自包裹发货之日起至今，货物在途的时间已经超过了您设置的承诺运达时间。买家方面也因迟迟未收到货而提起纠纷，并且在此期间并未对发起的纠纷进行撤诉。因此，请您积极与买家进行良好的沟通，及时处理因为客观原因导致的超时问题，获取买家的理解和支持。)

响应期限内，卖家与买家沟通线下打款。

卖家：与买家确认打款账号。

(亲爱的朋友，****1@gmail.com 这个贝宝账户是您的对吗？我只是想确认一下，谢谢。)

买家：确认账号。

响应期限到期后，包裹未妥投，平台邮件双方要求卖家提供打款成功凭证。

在卖家提供打款成功的凭证后，平台操作款项并关闭纠纷。

4. 如何避免该类纠纷

(1) 积极关注纠纷案件。对于买家提起纠纷尚未上升至平台介入及仲裁前，积极予以响应。

(2) 关注物流进展，在物流无法承诺运单时间妥投的情况下，积极与买家协商是否延长运送时间。

(3) 在双方协商一致的情况下，将一致信息反馈给纠纷平台。

案例二：未收到货——货物在海关（海关扣关）

1. 提起纠纷的原因

该笔订单中买家未收到货物，包裹处于海关状态，买家提起纠纷。

2. 提起纠纷后买卖双方的做法

买家：提起纠纷，海关扣留了包裹。

卖家：拒绝纠纷，纠纷上升至仲裁。

3. 平台介入后如何处理

平台介入后，邮件双方告知情况。

告知买家：包裹处于海关状态，支付关税属于买家责任，其他情况需要提供扣关文件。

(根据航运信息，您所在当地海关扣留了此包裹，导致延迟发货。请注意，清关纳税是买方的责任。由于我们需要查询包裹滞留原因，请您在 7 个工作日内与当地海关联系并提供官方文件，以便向速卖通澄清货物滞留的原因。)

告知卖家：货物位于海关，需要卖家配合清关。

(目前，买家所在国海关已扣留了该订单的货物，因清关是买家的责任，我方将限期 7 个自然日要求买家清关，同时您有配合买家清关的义务。若买家无法清关，我方会进一步要求买家提供扣关证明，以明确扣关原因。请注意，若因申报价值不符、假货仿货、缺少进口国所需证照等原因导致扣关，卖家需要承担责任。响应期限到期后，买家未提供相关文件，平台操作款项并取消纠纷。)

4．如何避免该类纠纷

（1）积极关注纠纷案件。对于买家提起纠纷尚未上升至平台介入及仲裁前，积极予以响应。

（2）关注物流进展，在物流处于海关状态时，积极与买家联系配合清关。

（3）在双方有协商一致的情况下，将一致信息反馈至纠纷平台。

习题演练

一、单项选择题

1．中国邮政小包的包裹重量一般不超过（　　）。

A．1kg　　B．2kg　　C．2.5kg　　D．1.5kg

2．中国邮政小包非圆筒货物：长+宽+高不超过（　　），单边长度（　　）。

A．90cm　60cm　　B．100cm　50cm

C．90cm　50cm　　D．100cm　60cm

3．国际 e 邮宝单件最高限重（　　）。

A．1kg　　B．2kg　　C．2.5kg　　D．1.5kg

4．国际 e 邮宝非圆筒货物单件邮件最小尺寸：邮件长度不小于（　　），宽度（　　）。

A．90cm　60cm　　B．100cm　50cm

C．90cm　50cm　　D．14cm　11cm

5．EMS 寄递每票货只能走一件，单件货物不能超过（　　）。

A．1kg　　B．2kg　　C．30kg　　D．20kg

二、判断题

1．重量在 2kg 以内的小包都可以叫中国邮政小包。（　　）

2．中国邮政小包可以寄递文件。（　　）

3．一般情况下 e 邮宝比邮政小包快，比 EMS 慢。（　　）

4．国际 e 邮宝、e 特快、e 速宝都是 EMS 旗下的产品。（　　）

5．选择跨境物流渠道需要根据目的地、货物的重量、货物的性质、对货物的时效要求、清关要求等进行选择。（　　）

实践操作

实践任务一：2018 年 9 月 8 日，锦迪公司的小李收到一封来自速卖通平台西班牙客户的询盘，客户想尽快下单购买一个新品单肩女包，但是比较纠结跨境物流运费问题。小李从仓管部获悉该女包一件包装后重量为 1.00kg，体积为 35cm×25cm×25cm。假如客户选择国际 EMS 运输，已知发往西班牙标准资费为首重 280 元/0.5kg，续重 75 元/0.5kg，因属协议客户，锦迪公司享受标准价 4.5 折，报关费 4 元不打折，请问运输一件女包的条件下，按重量还是体积计费？运费是多少？

实践任务二：某品牌饰品包装重量 28g，订单金额 2.5 美元，拟使用中国邮政平常小包免挂号费发往俄罗斯，若包邮，则跨境物流运费成本为多少？

实践任务三：浙江锦迪电子商务有限公司通过速卖通平台向全球销售消费电子产品。2018 年 10 月 5 日，美国客户在店铺购买了 5 根数据线，价值 25 美元，包装后的重量为 0.55kg，体积为 40cm × 11cm × 11cm，拟用“中邮 e 邮宝”发货，运费是多少？

子情景二　商业快递

学习目标

知识目标

- 了解国际快递的概念和特点、著名国际快递公司的基本情况
- 熟悉著名国际快递公司业务的优缺点、国际快递运费划区
- 熟悉实际重量、体积重量、计费重量等概念
- 掌握国际快递业务流程及具体环节、国际快递费用的构成
- 掌握国际快递费用的计算方式

能力目标

- 能够根据实际情况选择合适的国际快递公司业务
- 能够寄送国际快递包裹
- 能够开展国际快递业务
- 能够正确计算国际快递费用

素质目标

- 具备一定的业务素质能力，能对国际物流市场进行调研，了解客户所需物流方式的运价、时间、清关手续等
- 遵守国际快递运输相关的法律法规，了解国际快递禁运物品及处理方法

项目背景

Allen 在运营速卖通平台时，遇到平台暂停发往俄罗斯的商业快递服务，要等到俄罗斯海关系统恢复正常后重新启动。由于俄罗斯海关商业快递清关系统问题，发往俄罗斯的商业快递渠道均无法在本地完成正常清关。此番受影响的是对俄的商业快递，一般来说，俄罗斯海关在对商业包裹（SPSR、DHL 等）的清关中，会进行随机抽查，被抽中的包裹需要

提供额外的文件，如买家护照复印件、支付凭证等。此类抽查是通过系统软件操作的，抽中的概率低于 1%。但是，从 1 月 2 日起，该系统软件出现了技术故障，因而只能人为地要求所有的包裹均提供额外的文件。正因如此，所有的商业物流渠道，包括 SPSR、DHL、UPS、DPD、PONY 等均受到影响，整个商业清关的正常流程也被打乱。

任务实施

步骤 1：登录四大国际商业快递官网，学习相关知识

步骤 2：学会计算四大国际商业快递的运费，能够设置运费模板

知识铺垫

四大国际商业快递分别为 DHL、UPS、FedEx、TNT。

一、DHL

DHL 又称敦豪航空货运公司，1969 年创立于美国旧金山，现隶属于德国邮政全球网络。DHL 是全球快递、洲际运输和航空货运的领导者，也是全球第一的海运和合同物流提供商。在中国，DHL 与中国对外贸易运输总公司合资成立了中外运敦豪，是进入中国市场时间最早、经验最丰富的国际快递公司。DHL 拥有全球最完善的速递网络，可以到达全球 220 个国家和地区的 12 万个目的地，在中国的市场占有率达 36%。

运费及附加运费、规格限制、实时跟踪等分别查询中外运敦豪/DHL，电话：8008108000，网址：http://www.cn.dhl.com。

（1）优势：配送网络遍布世界各地，查询网站货物状态更新及时、准确，提供包装检验与设计服务、报关代理服务，在美国、西欧有较强的清关能力，大多数国际快递货物都通过 DHL 运转。

（2）价格：20kg 以下小货和 21kg 以上大货价格都较便宜，并且 21kg 以上物品有单独的大货价格，部分地区大货价格比国际 EMS 价格还要低。

（3）时效：正常情况下 2~4 个工作日可以货通全球。欧洲和东南亚速度较快，到欧洲 3 个工作日，到东南亚地区仅需 2 个工作日。

（4）专线：建立欧洲专线及周边国家专线，服务速度快，安全可靠，查询方便。

二、UPS

UPS 又称联合包裹服务公司，起源于 1907 年在美国西雅图成立的一家信差公司，是全球最大的快递承运商与包裹递送公司，也是专业的运输、物流、资本与电子商务服务的领导性的提供者。

从世界范围来看，UPS 其实是快递行业的领导者，其历史最为悠久，并且与 FedEx 一直是竞争对手。但在中国，UPS 的影响力次于 FedEx。UPS 的强势地区为美洲地区，性价

比最高。

运费及附加运费、规格限制、实时跟踪等分别查询联合包裹/UPS，电话：8008208388，网址：http：//www.ups.com/content/cn/zh/index.jsx。

（1）优势：覆盖 200 多个国家和地区，并在这 200 多个国家和地区设立了 UPS 商店 4 400 个、UPS 营业店 1 300 个（全球）、UPS 服务中心 1 000 个、授权服务点 17 000 个、UPS 投递箱 40 000 个，能快配配送到北美和欧洲的每个地址。

（2）服务：提供全球货到付款服务，免费、及时、准确的上网查询服务，加急限时配送服务，具有超强的清关能力。强势地区为美洲地区，性价比最高、定点定时跟踪、查询记录详细、通关便捷。

（3）价格：折扣 3.5~6.5 折不等，并且 UPS 国际快递货物出口至美国、加拿大、西欧、北欧和澳新等发达国家，价格有独特的优势，主力打造美国专线、北美特惠。

（4）时效：正常情况下 2~4 个工作日通至全球，特别是美国，48 小时能到达，全球 200 多个国家和地区都有配送网络，查询网站信息更新极快，解决问题及时快捷。

三、FedEx

FedEx 又称联邦快递公司，是一家国际性速递集团，提供隔夜快递、地面快递、重型货物运送、文件复印及物流服务，总部设于美国田纳西州，其年收入高达 320 亿美元。FedEx1984 年进入中国，与天津大田集团成立合资企业大田—联邦快递有限公司，现在每周有 11 个班机进出中国，是拥有直飞中国航班数目最多的国际快递公司。

运费及附加运费、规格限制、实时跟踪等分别查询联邦快递/FedEx，电话：8008201338，网址：http://www.fedex.com/cn/。

（1）优势：服务区域通达全球 230 多个国家和地区；配送网络遍布世界各地，尤其在美洲和欧洲价格和时效方面有优势。

（2）时效：正常情况下 2~4 个工作日即可通达全球。网站信息更新快，网络覆盖全，查询响应快。

（3）服务：国际快递预付款服务、免费及时准确的上网查询服务、清关能力极强、代理报关服务、上门取件服务。极高的响应速度创造了良好的用户体验。

（4）价格：到中南美洲及欧洲区域有价格优势，与其他商业快递公司公布的价格相差 30%~40%。在东南亚 21kg 以上的大货，FedEx 的价格只有 DHL、UPS 的一半，但配送速度一样快。

四、TNT

TNT 国际快递集团是全球领先的快递邮政服务供应商，为企业和个人客户提供全方位的快递和邮政服务，公司总部设在荷兰的阿姆斯特丹。TNT 拥有欧洲最大的空陆联运快递网络，能实现“门到门”的递送服务，并且正通过在全球范围内扩大运营分布来最大幅度地优化网络效能。TNT1988 年进入中国市场，拥有 26 家国际快递分公司及 3 个国际快递口岸；拥有国内最大的私营陆运递送网络，服务覆盖中国 500 多个城市。

在西欧、中东国家，TNT 的时效和价格都有优势。

运费及附加运费、规格限制、实时跟踪等分别查询中外运天地/TNT，电话：8008209868，网址：http://www.tnt.com/country/zh_cn.html。

（1）优势：拥有 161 500 名员工，分布在 200 多个国家和地区，还专门设有涵盖中国大陆、中国香港和中国台湾等地的大中华区，拥有 17 000 名专业员工。网络覆盖广，查询网站信息更新快，遇到问题响应及时。

（2）服务：全球货到付款服务，通关能力强，提供报关代理服务，无偏远配送附加费，可及时准确地追踪货物。

（3）时效：2~4 个工作日即可通达全球，到西欧仅需 3 个工作日。

（4）价格：货通全球，无偏远地区配送附加费用。在西欧地区价格较低，清关能力较强，但对所运货物限制比较多。

四大商业快递对信息的提供、收集与管理有很高的要求，以全球自建网络及国际化的信息系统为支撑，可以寄递准许寄递的文件和包裹。速度快、服务好、丢包率低，尤其是发往欧美等发达国家非常方便。但是价格昂贵，并且价格资费变化较大，一般跨境电商卖家只有在客户强烈要求时效性的情况下才会使用，并且会向客户收取运费。

案例解析

商业快递的发展——物流巨人之路

并购与上市等多种资本方式对物流业产生了重大的影响，其中在快递行业，基本呈现“四大巨人”垄断的局面。四大巨人：联合包裹（UPS）、联邦快递（FedEx）、DPWN 德国邮政世界网（DHL 的母公司）、TNT 快递集团。这四家快递企业年收入加起来超过 1 000 亿美元，雇用员工 130 万人，占据全球快递市场 72%的市场份额。

由于 DHL 和 TNT 的主战场在欧洲，UPS 和 FedEx 之间的大战是名副其实的“巨人争霸战”。UPS 主导着普通包裹的配送市场，其中企业到企业的包裹业务占绝大多数，而且主要是地面运输。FedEx 是文件速递和包裹速递的市场主帅，主要经营文件和包裹的航空次日递。

面对竞争，FedEx 一方面不断并购，扩大自己的实力和规模；另一方面在互联网时代重塑自我。

随着互联网时代的到来，FedEx 主营的文件速递市场面临着极大的威胁。速递文件的电子化转移速度比美国邮政一类邮件的电子化转移速度要快得多。而且，由于新的更复杂的软件使得企业能够更好地管理库存，这将降低对于昂贵的物品速递的需求。同时，美国邮政的优先邮件越来越被市场看好，因为优先邮件的性价比优于次日递业务。另外，UPS 与惠普公司合资建立的文件交换服务公司，分流 23%的航空速递业务量。FedEx 面临着极大的挑战，因此 FedEx 制定如下战略：正如 UPS 进入 FedEx 的文件速递领地一样，FedEx

通过各种方式抢占了一部分普通包裹市场，如 FedEx 通过收购 Roadway 包裹公司（RPS）进入普通包裹运递市场，在包裹市场的占有率达 11%。FedEx 投资 5 亿美元，使 RPS 的处理能力翻了一番。另外，FedEx 在信息技术领域也投入了巨额资金。FedEx 对其无线通信网络进行了更新，使之能够与 UPS 匹敌，此外，它为大小企业提供互联网商务软件。

FedEx 的网址就像一个交易市场，设有许多与其他公司的合作链接，有趣的是，它还设有与惠普公司的（因为惠普公司与 UPS 合资建立了文件交换公司，对 FedEx 的文件速递业务构成竞争）合作链接。而且，FedEx 已经向国际市场进军，尤其是计算机硬件和微型芯片的物流配送。像 UPS 一样，FedEx 已经开始作为第三方物流服务供应商向外展开营销。世界著名的思科公司宣布让 FedEx 管理其整个物流网络，其目的是完全取消思科在亚洲的仓库，代之以共同创立的“飞行仓库”主导物流业务，最终，由 FedEx 直接投递零部件给用户做最终的组装。

FedEx 采取的战略与 UPS 有很大的不同。UPS 将企业到企业与企业到家庭的业务集成为一体，而 FedEx 组建专门的住宅投递服务公司，并聘用低成本的非工会劳动力。FedEx 总公司下设多个业务部门，主要从事次日递航空速递核心业务的 FedEx 和企业到企业的普通包裹业务的 FedEx 地面服务，地面服务下设快递家庭投递服务部门。这三个业务部门共享公司的技术和部分行政管理职能，如营销和收付款职能，但是各自具有独立的设施、车辆和经营活动。家庭投递部门雇用的工人被称为“业主经营者”，自备厢式货车，公司根据这些工人的投递量给予报酬，可以将投递成本保持在较低的水平，这不仅比 UPS 的成本低，甚至可能比美国邮政的成本还低。FedEx 的家庭投递服务在全国 40 个大城市设立了 67 个家庭投递站，号称覆盖了全国 50%的家庭，FedEx 计划建立另外 240 个投递站，争取在 3 年的时间内覆盖 98%的人口。FedEx 的发展处处体现出其创新的意识，比如，联邦快递准备星期二到星期六投递，而且选择收件人最有可能在家的傍晚时间投递；同时提供指定日期投递，但收取额外费用；另外，包裹揽收时间推迟到了晚上 9 点。

放眼世界，每个知名的航空货运公司都提出了属于自己的恰当的定位，确定了自己在空运物流价值链中的位置。UPS 的定位是“我们能够在任何地方、任何模式里处理任何货物”；DHL 的目标是成为世界范围内邮件、包裹快递、物流及财政服务领域的领头羊；TNT 的定位是创立世界上最大的商业航空货运联盟并提供复杂且统一的商品线；FedEx 也有自己的定位，“无所不包，全面发展”恰当地定义了联邦快递的位置。

习题演练

浙江锦迪电子商务有限公司在速卖通上向美国客户销售了一款婚纱，包装重量 2.6kg，长、宽、高为 30cm、20cm、10cm，相关快递公司的报价信息如表 3-5 所示，请设计物流方案并计算运费。

表 3-5 快递公司的报价信息

快递公司	装运成本	预计交付时间	处理时间
UPS	~~US $155.41~~ 免费	3~7 天	25 天
DHL	~~US $106.02~~ 免费	3~7 天	
EMS	~~US $102.92~~ US $25.73 可节约 US $77.19（将近 75%）	5~15 天	

DHL 运费（不含燃油附加费以及其他附加费用）参考价格（人民币/元）如表 3-6 所示。

表 3-6 DHL 运费参考价格 单位：元

重量＼地区	1	2	3	4	5	6	7	8	9
0.5	173	244	230	261	262	267	344	439	660
1.0	211	299	291	319	344	355	434	554	807
1.5	249	354	352	377	426	443	524	669	954
2.0	287	409	413	435	508	531	614	784	1 101
2.5	325	464	474	493	590	619	704	899	1 248
3.0	362	519	529	549	669	706	800	1 014	1 394

备注：1. DHL 按照下列公式计算体积重量：长×宽×高/5 000。

2. 每票最低征收燃油附加费 160 元。

3. 偏远地区配送附加费 3 元/kg，最低收费 150 元；

偏远地区取件附加费 3 元/kg，最低收费 150 元。

实践操作

实践任务：了解国际快递扣关扣件原因及解决方法，如表 3-7 所示。

表 3-7 国际快递扣关扣件原因及解决方法

扣件类型	明 细	产生原因	解决方法
包装问题	已破损	包装不良	使用较好的外包装材料，箱内填充物应充实填满空隙
		运输挤压	易碎物品应注意在明显位置张贴“易碎”等标识，运输环节注意重不压轻、大不压小的装载要求
		野蛮搬运	搬运物品要做到轻拿轻放，货物摆放应有序，注意重不压轻、大不压小
	要求核实数量	高价值货物数量较多，不便清点	装箱发货前，点清内装高价值货物数量，并做好封箱。交货时随附证明，说明内装物品及数量情况，要求我司不用再拆箱及通知扣件，并确认出现丢失，后果自负

续表

扣件类型	明　细	产生原因	解决方法
包装问题	密封木箱，要求确认信息	无法拆查或拆查后难以包装完好	在发件人处收货时，收货同事与发件人一起核实货物，不装载违禁和液体粉末类物品，并制作包装证明内装货物情况，通知我司不用拆箱或扣件
产品问题	无服务	服务商在当地没有配送服务	此类情况一般出现在较少配送的国家中，建议发货前，对很生疏的国家及时向 MYEX 客服人员查询是否有此国家的服务
	干燥剂	化学品	粒状少量只是作为内装物品干燥用的可走，但成批及粉末状的不能中转
	种子	快件禁运物品	通知发件人此类物品不能中转
	茶叶	食品类	去往美国的食品应提供 FDA 证明，不列颠地区禁止中转食品，其他国家以不超过 10kg 为宜，超出则会有清关困难，需客户确认后果自负
	电池	禁运物品（有 MSDS 证明的除外）	通知发件人，如走 DHL 则需提供 MSDS 证明（原材料安全证明），如走专线则需向 MYEX 客服查询具体中转情况
	仿牌	禁运物品（有授权证明或购买发票的除外）	名牌货物中转须提供“商标所有人的授权证明”或“购买发票（复印件也可以）”，不能提供则不能中转
	原产地非中国	贸易方向错误	有可能是仿牌货物，也有可能是倾销货物，都为贸易不许可方式，应提供相关资料证明“原产地非中国”的原因
	药品	快件禁运物品	通知发件人此类物品不能中转
	内有液体	快件禁运物品	通知发件人此类物品不能中转
产生费用	偏远	超出配件服务商配送范围	如果是走 DHL 的货物，应预先在 DHL 网站上查询。网址是 http://remoteareas.dhl.com/jsp/first_main.jsp；如果是走 MYEX 专线的货物，可向 MYEX 客服同事查询 ODA 情况
	单独报关	通知客户并记录加收货物报关费用	交货前与业务员确认好相关报关费用，收到问题通知后及时回复书面确认，以便货物尽快中转
	自报关	通知客户并记录加收货物相关费用	遵守国家法律、法规、行政规章对禁运品的规定，不报关国家禁止流通、寄递或进出境的物品
航班要求	有磁性	快件禁运物品（已消磁的除外）	对有磁性的货物在交货前做消磁处理，妥善包装，并出具安全运输证明，未处理的不能中转

续表

扣件类型	明　细	产生原因	解决方法
快件信息问题	错报快件类型	清单上的快件类型与实际货物不符	正确制作清单，并严格按文件、包裹的定义进行分类登记
	重量不符	清单上的计费重量与实际货物不符	正确磅重及计算货物的材积重量，交货前保证货物的严实包装，避免产生货物变形的操作与包装，据实制作交接清单的计费重量
	物品不符	运单发票申报与实际货物不符	收货、交货前仔细核实发件人的寄运物品，根据实际货物书写运单发票资料
	有货无单、有单无货	清单与实际到的货物不符	正确制作交接清单，交货前根据交接清单核实待交的货物，做到单货相符
	信息问题	操作中转要求不明确或不在提供的服务范围内	正确制作交接资料及书写操作中转要求，交货前应正确判断所交货物是否在所提供的服务范围之内，有疑问的与客服查询
配送要求	发件人支付关税	暂不接受此项业务	通知发件人暂不接受此项业务，如确需中转则应交一定的保证金后方可中转
申报问题	要求提供美元报价	报价不规范	美元是国际通用币种，为各国海关所接受，正确地使用美元报价有利于清关，减少清关问题
	价值不符	运单发票上的申报价值与实际货物的价值不符	根据货物的实际价值，正确地提供货物向海关申报的价值，并正确地填写在运单和发票上
	无发票	随货没有提供发票	发件人必须提供货物的发票，以正确地向海关申报，从而减少货物的清关问题
	高价值，是否买保险	降低损失	为避免高价值的贵重物品在运输中丢失或损毁造成的巨大损失，购买保险有利于降低损失，获得更高的赔偿
	数量不符	运单发票申报的数量与实际货物不符	装箱发货前，点清内装货物数量，并做好封箱。根据实际货物的数量，正确制作运单发票资料
收件人资料问题	收件人信息不详	信息不详会导致不能配送或配送出错	要求发件人提供详细的收件人信息，包含收件公司名、人名、门牌号、路名、城市名、邮编、国家等信息
	运单地址不清	书写潦草或字迹模糊	在运单上端正书写收发件人信息，并尽量提供最清晰的运单联给 MYEX 操作

续表

扣件类型	明　细	产生原因	解决方法
收件人资料问题	收件人资料非英文	寄件服务商不接受	香港 DHL 要求收件人信息必须用英文书写，具体可向客服查询情况
	国家问题	收件人信息中存在多个国家名	要求发件人书写正确、唯一的收件人资料，正确书写收件人国家的名称
	城市问题	收件人所在城市书写有误	要求发件人用英文正确书写收件人城市的标准名称，不可用简写或其他别名
	邮编问题	邮编有误或邮编对应的城市与运单上的城市不符	在要求发件人正确书写城市名的同时，应注意城市与邮编的对应
暂扣	客户要求扣件	货物暂不能中转	因客户与发件人的原因，货物暂不能中转，暂放我司待客户通知出货
专线要求	US、CA、NZ、AU 的邮箱（PO BOX）地址	收件国家不接受 POBOX 地址的配送	及时提醒发件人这些国家不接受 POBOX 地址寄件，应提供详细的收件人地址信息
	NG、US 纺织品	收件国对纺织品有进口要求	收货时及时告知发件人 NG 不接受纺织品的进口，US 对大宗纺织品的进口容易产生清关问题
	无到付服务	服务商不提供到付服务	收货时应及时告知代理，香港 DHL 服务不接受到付服务，具体情况可向客服查询
	木箱，需提供熏蒸证明	收件国对木箱包装有进口要求	收货时向发件人告知，美国、韩国的海关要求木质包装需提供熏蒸证明方可进口
	中国台湾私人包裹需提供统一编号	中国台湾海关要求	收货时应及时向发件人告知，凡去往中国台湾的私人包裹需提供收件人在 TW 的统一编号方可清关进口
	巴西 VAT	巴西海关要求	收货时及时告知发件人巴西海关要求包裹类货物的进口，必须提供收件人在当地的 VAT 号（有 CNPJ 和 CPF 两种格式）方可清关进口

子情景三　速卖通物流

学习目标

知识目标

- 了解速卖通平台物流规则
- 认识新手运费模板
- 熟悉速卖通线上无忧物流发货方式

能力目标

- 能够根据最新无忧物流报价计算运费
- 能够设置速卖通物流模板

素质目标

- 最大限度地节省卖家的物流成本，并为客户提供最优物流方案
- 了解速卖通平台对物流服务的考核，具备提供专项物流服务的素质能力

项目背景

Allen 在浙江英卡顿网络科技有限公司负责速卖通平台开店和运营，在顺利注册了店铺后，随即想在速卖通平台上传产品信息。Allen 知道国家大力支持发展跨境电商，因此对跨境销售跃跃欲试。但公司经理建议 Allen 不要着急，应先了解跨境商品的物流政策、平台规则、重量体积要求、运费计算方法、物流方案设计与组织等问题。

任务实施

步骤 1：进入速卖通后台，点击“卖家频道”—“速卖通规则”—“基础规则”

步骤 2：找到速卖通基础规则第二章第七节，认真学习

步骤 3：登录网址 https://university.aliexpress.com/?spm=5261.8851807.0.0.22c83e5fn0kVlm

步骤 4：找到“速卖通大学物流专区”—“物流模板设置”

知识铺垫

一、速卖通平台的物流方案

1. 经济类物流

物流运费成本低，目的国包裹妥投信息不可查询，适合运送货值低、重量轻的商品。经济类物流仅允许线上发货，这类物流方式大多在16~35天能送达，特殊情况为60天。

以速卖通平台“中国邮政平常小包+”为例。

（1）优点。

① 价格低廉，不需要支付挂号费用，适合货物价值低、重量低的商品。

② 配送范围可达全球214个国家和地区。

③ 提供国内的邮件收寄、封发、计划交航等信息。

（2）缺点。

① 要求包裹重量不大于2千克，同时只有满足“商品原价×数量+运费”≤5美元的商品才能选择该物流方案。

② 不能寄送违禁品，不能寄送电子产品，包括任何可重复使用的可充电电池，所有带电的键盘、鼠标、手表、装电池的游戏手柄、玩具等，均须走带电渠道。

2. 简易类物流

邮政简易挂号服务，可以查询包含妥投或买家签收在内的关键环节物流追踪信息。这种物流方案承诺运达时间为60天。

以速卖通平台“AliExpress无忧物流—简易”为例，其优缺点分析如下。

（1）优点。

① 操作简单，可一键完成运费模板设置。

② 平台承担售后，物流纠纷由速卖通平台直接介入，DSR低分不计入账号审核，同时因物流原因导致的纠纷退款均可由平台承担，赔付上限为35美元。

（2）缺点。

① 运送范围较小，仅包括俄罗斯、西班牙、乌克兰本土全境邮局可到达区域，同时可查询的物流信息较少。

② 俄罗斯及乌克兰包裹须小于2千克，西班牙包裹不得大于0.5千克。

③ 只有满足“商品原价×数量+运费”≤5美元的商品才能选择该物流方案。

④ 俄罗斯、乌克兰方向不支持任何带电货物及化妆品。西班牙方向仅接受根据国际航空运输协会（IATA）规定的100瓦时以下的含电池类物品，同时电池需内置，不接受纯电池类物品及任何的含纽扣电池类商品。

3. 标准类物流

包含邮政挂号服务和专线类服务，全程物流追踪信息均可查询，是买家最常用的物流方案之一。该物流方案包括各类商业物流、专线物流等，其中全球配送的物流方案承诺运达时间为 60 天，各个国家专线物流承诺运达时间为 15~20 天。

以速卖通“AliExpress 无忧物流—标准”为例。

（1）优点。

① 渠道稳定，同时送货快，菜鸟网络搭建覆盖全球的物流配送服务。通过智能分单系统，根据目的国、品类、重量等因素，匹配得到最佳物流方案。

② 运送可达全球 214 个国家和地区。

③ 一键选择“无忧物流”即可完成运费模板配置。

④ 物流原因导致的纠纷不计入卖家账号考核，且无须卖家响应，由平台直接介入。

⑤ 纠纷退款由平台承担，赔付上限为 800 元人民币。

（2）缺点。

① 重量体积限制：方形包裹表面尺码≥9 厘米 × 14 厘米；圆柱形包裹：2 倍直径及长度之和≥17 厘米，单边长度≥10 厘米。

② 绝大部分国家要求重量≤2 千克。

③不接受配套电池和纯电池货物运送。寄送带电、内置电池类产品，必须做好绝缘处理，以免引起短路。同时澳大利亚、意大利、德国、老挝、伊朗、越南、南苏丹、埃及 8 个国家 2~30 千克（包括超体积包裹）货物不能走任何电池。化妆品，如眼影、胭脂、唇膏和睫毛膏等，护肤品，如眼霜和面膜等，包装完好的商品可以正常收寄（指甲油属于易燃品，无法收寄；油状、液体化妆品无法收寄）。

4. 快速类物流

包含商业快递和邮政提供的快递服务，具有时效性，全程物流追踪信息可查询，适合高价值商品的寄送。

以速卖通“AliExpress 无忧物流—优先”为例。

这是菜鸟网络推出的优质物流服务，为速卖通卖家提供国内揽收、国际配送、物流详情追踪、物流纠纷处理，售后赔付一站式的物流解决方案。

（1）优点。

① 渠道稳定，具有时效性：菜鸟网络与优质物流商合作，搭建覆盖全球的物流配送服务。通过领先业内的智能分单系统，根据目的国、品类、重量等因素，匹配得到最佳物流方案，核心国家预估时效为 16~35 天。

② 操作简单：一键选择“无忧物流”即可完成运费模板配置，深圳、广州、义乌等重点城市提供免费上门揽收服务。

③ 平台承担售后：物流纠纷无须卖家响应，直接由平台介入核实物流问题并归责。由物流原因导致的纠纷、DSR 低分不计入卖家账号考核。

④ 交寄便利：北京、深圳、广州、东莞、佛山、汕头、中山、珠海、江门、义乌、金华、杭州、宁波、温州（乐清）、上海、昆山、南京、苏州、无锡、福州、厦门、泉州、惠州、莆田、青岛、长沙、武汉、郑州、成都、葫芦岛兴城、保定白沟提供上门揽收服务，

非揽收区域卖家可自行寄送至揽收仓库。

⑤ 赔付无忧：物流原因导致的纠纷退款由平台承担，赔付上限为 1 200 元人民币。

（2）缺点。

① 目前仅支持运送普通货物，且不支持带电、纯电货物及化妆品。

② 仅支持一票一件，如果有两个以上包裹，则需要打包为一个包裹发送。

③ 重量体积限制：俄罗斯不得超过 30kg，任意单边长≤120cm，三边长之和≤270cm，最小面周长≥14cm；其他国家不得超过 70kg，任意单边长≤120cm。

④ 订单金额限制：仅"商品原价×数量+运费"≤600 美元的商品能选择"AliExpress 无忧物流—优先"。

⑤ 仿牌查验："无忧物流—优先"服务需要对商家的包裹进行开包查验，用于确认是否为仿牌或知识产权侵权，若发现仿牌或知识产权侵权情况，由此产生的一切风险及责任均由卖家承担。

5．海外仓物流

借力海外仓，开启本地化服务：备货到海外仓库，出单后直接从海外本地仓库发货，时效更快、服务更好。已备货到海外仓的货物使用海外本地物流服务，不受速卖通平台物流政策调整影响。

二、速卖通平台的发货方式

卖家可自主选择发货的物流服务，包括但不限于菜鸟平台的线上物流服务商、菜鸟无忧物流或其他线下物流方式。但向部分国家发货，在平台有特殊规定时，卖家应按照规定进行。

如果买家自行选择物流方式，那么卖家发货所选用的物流方式必须是买家所选择的相关物流方式。未经买家同意，不得无故更改物流方式。

卖家在填写发货通知时，所填写的运单号必须完整、真实、准确，并且可查询。同时，为保证经营秩序和买家体验，就特殊市场的订单，卖家应按照以下物流政策选择发货的物流方式。

1．俄罗斯

实际支付金额＞5 美元的订单：允许使用标准类、快速类物流服务，不可使用经济类物流服务（无挂号平邮）及简易类物流服务发货。

实际支付金额＞2 美元且≤5 美元的订单：允许使用线上简易类物流服务、标准类和快速类物流服务，不可使用经济类物流服务（无挂号平邮）及线下简易类物流服务发货。

实际支付金额≤2 美元的订单：允许使用线上经济类、线上简易类、标准类和快速类物流服务，不可使用线下经济类物流服务（无挂号平邮）及线下简易类物流服务发货。

2．西班牙

实际支付金额＞5 美元的订单：允许使用标准类物流服务中的"AliExpress 无忧物流—

标准”（特殊类目商品除外）及快速类物流服务，其他标准类、简易类物流服务及经济类物流服务不可使用。

实际支付金额 > 2 美元且≤5 美元的订单：允许使用线上简易类物流服务、标准类和快速类物流服务，不可使用经济类物流服务（无挂号平邮）及线下简易类物流服务发货。

实际支付金额≤2 美元的订单：允许使用线上经济物流服务的“中外运西邮经济小包”、线上简易类物流服务、标准类物流服务及快速类物流服务，线下简易类物流服务及线下经济类物流服务不可使用。

3. 美国

实际支付金额 > 5 美元的订单：允许使用标准类物流服务中的“e 邮宝”、“AliExpress 无忧物流—标准”（特殊类目商品除外）及快速类物流服务，其他标准类物流服务及经济类物流服务不可使用。

实际支付金额≤5 美元的订单：允许使用标准类、快速类物流服务及线上经济类物流服务，线下经济类物流服务（无挂号平邮）不可使用。

4. 法国、荷兰、智利

实际支付金额 > 5 美元的订单：允许使用标准类物流服务中的“AliExpress 无忧物流—标准”（特殊类目商品除外）及快速类物流服务，其他标准类及经济类物流服务不可使用。

实际支付金额≤5 美元的订单：允许使用线上经济物流服务、标准类及快速类物流服务，线下经济类物流服务不可使用。

5. 乌克兰

实际支付金额 > 5 美元的订单：允许使用标准类及快速类物流服务，经济类和简易类物流服务不可使用。

实际支付金额≤5 美元的订单：允许使用线上简易类物流服务、标准类及快速类物流服务，线下简易类物流服务和经济类物流服务（无挂号平邮）不可使用。

6. 巴西、白俄罗斯

所有订单不可使用经济类物流服务发货。

7. 除俄罗斯、美国、西班牙、法国、荷兰、智利、巴西、乌克兰、白俄罗斯外的其他国家

实际支付金额 > 5 美元的订单：允许使用标准类及快速类物流服务，经济类物流服务不可使用。

实际支付金额≤5 美元的订单：允许使用标准类、快速类物流服务及线上经济类物流服务，线下经济类物流服务不可使用。

本条规则参见速卖通发货方式，如表 3-8 所示。

表 3-8　速卖通发货方式

收货国家	订单实际支付金额	物流服务等级							
		经济类		简易类		标准类		快速类	
		线下发货	线上发货	线下发货	线上发货	线下发货	线上发货	线下发货	线上发货
俄罗斯	>5 美元	不可用	不可用	不可用	不可用	可用	可用	可用	可用
	≤5 美元且>2 美元	不可用	不可用	不可用	可用	可用	可用	可用	可用
	≤2 美元	不可用	可用	不可用	可用	可用	可用	可用	可用
西班牙	>5 美元	不可用	不可用	不可用	不可用			可用	可用
	≤5 美元且>2 美元	不可用	不可用	不可用	可用	可用	可用	可用	可用
	≤2 美元	不可用	中外运西邮经济小包可用，其他不可用	不可用	可用	可用	可用	可用	可用
美国	>5 美元	不可用	不可用	—	—	e 邮宝，AliExpress 无忧物流—标准可用，特殊类目除外		可用	可用
	≤5 美元	不可用	可用	—	—	可用	可用	可用	可用
法国、荷兰、智利	>5 美元	不可用	不可用	—	—	AliExpress 无忧物流—标准可用，其他不可用，特殊类目除外		可用	可用
	≤5 美元	不可用	可用	—	—	可用	可用	可用	可用
乌克兰	>5 美元	不可用	不可用	—	不可用	可用	可用	可用	可用
	≤5 美元	不可用	不可用	—	可用	可用	可用	可用	可用
巴西、白俄罗斯	所有订单	不可用	不可用	—	—	可用	可用	可用	可用
其他国家	>5 美元	不可用	可用	—	—	可用	可用	可用	可用
	≤5 美元	不可用		—	—	可用	可用	可用	可用

三、物流保护政策

1. 采用线上发货物流方式的订单

（1）若产生“DSR 物流服务 1、2、3 分”和由于物流原因引起的“纠纷提起”“仲裁提起”“卖家责任裁决率”，平台会对该笔订单的这 4 项指标进行免责处理（不计入相关平台考评）。

（2）因物流问题产生的纠纷，如妥投地址错误，但卖家填写地址无误等情况，卖家可发起线上发货投诉。

2. 采用无忧物流发货的订单

（1）若产生“ DSR 物流服务 1、2、3 分”和由于物流原因引起的“纠纷提起”“仲裁提起”“卖家责任裁决率”，平台会对该笔订单的这 4 项指标进行免责处理。

（2）因物流问题产生的纠纷，直接由平台介入核实物流状态并归责。

（3）物流导致的纠纷退款，由平台承担（标准物流赔付上限为 800 元人民币，优先物流赔付上限为 1 200 元人民币）。

四、速卖通平台的物流模板设置

1. 物流运费模板

（1）登录“速卖通卖家后台”，点击“产品管理”中“模板管理”中的“运费模板”（见图 3-2）。

图 3-2　速卖通平台“运费模板”

（2）如图 3-3 所示，点击页面中的“新增运费模板”。

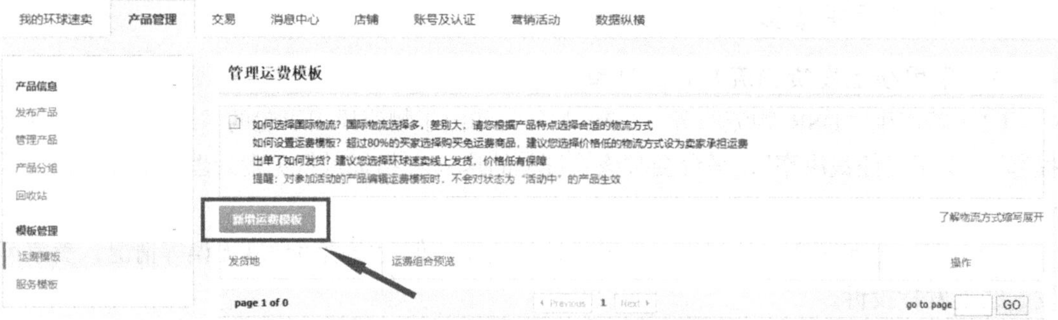

图 3-3　速卖通平台"新增运费模板"

（3）输入运费模板英文名称，例如，aliexpress shipping，并点击页面中的"展开设置"（见图 3-4）。

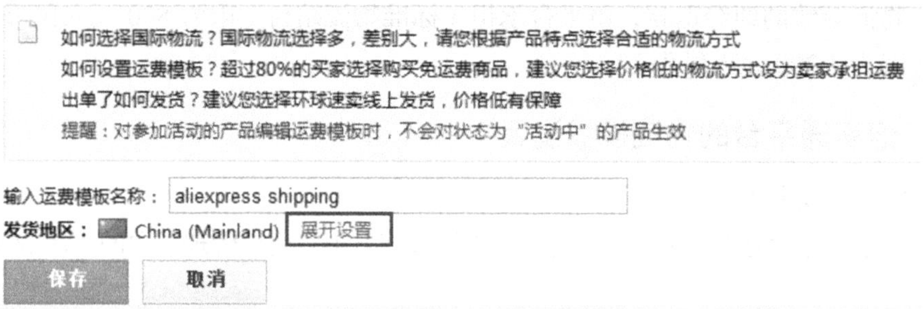

图 3-4　速卖通平台的"展开设置"界面

（4）如图 3-5 所示，在不同的类型下勾选需要的物流方案（比如，5 美元以下的产品可以使用经济类物流，5 美元以上的产品可以使用标准类物流等。），并设置物流运费及承诺时效。

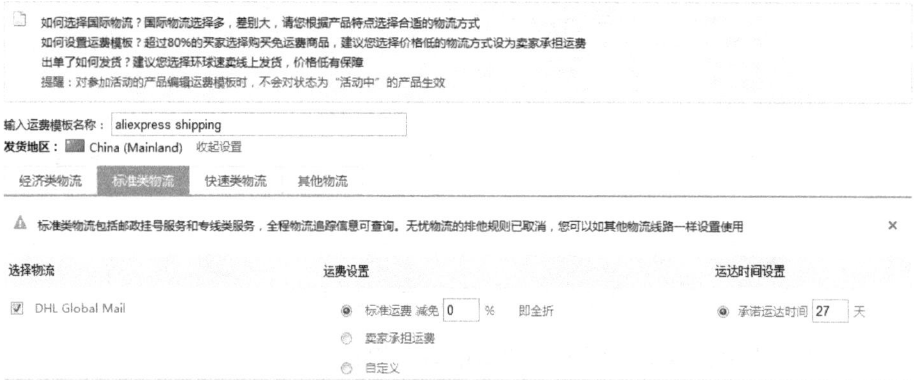

图 3-5　速卖通平台物流设置界面

（注：速卖通无忧物流中的承诺运达时间由平台默认设置，不能调整；可以点击"查看承诺时效详情"了解不同国家的时效。）

（5）运费模板填写完成后，点击页面下方的“保存”按钮即可（见图 3-6）。

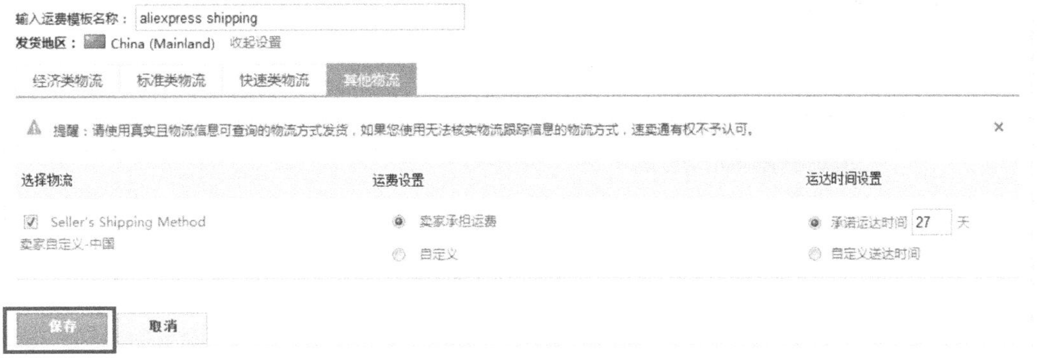

图 3-6　运费模板填写完成界面

2. 运费设置

运费设置分为标准运费减免、卖家承担运费和自定义运费。

（1）标准运费减免：假设我们的产品重 200 克，发往俄罗斯的线上报价经过计算后为 24 元，当标准运费减免 50%时，买家需要支付额外的运费 12 元。

（2）卖家承担运费（建议大家在产品成本中算入运费）：买家在购买产品时，无须支付额外运费。

（3）自定义运费：卖家根据不同国家产生的运费，合理选择包邮或者不包邮。

比如我们的产品售价中包含了运费成本 50 元，经过运费计算后，运往 A 国家为 45 元，运往 B 国家是 100 元，那么我们可以选择 A 国家进行包邮，B 国家进行标准运费减免 50%。左键点击“自定义”，出现速卖通平台自定义运费界面，如图 3-7 所示。

图 3-7　速卖通平台自定义运费界面

3. 运费类型设置

卖家合理选择包邮地区，并单击打钩（见图 3-8）。

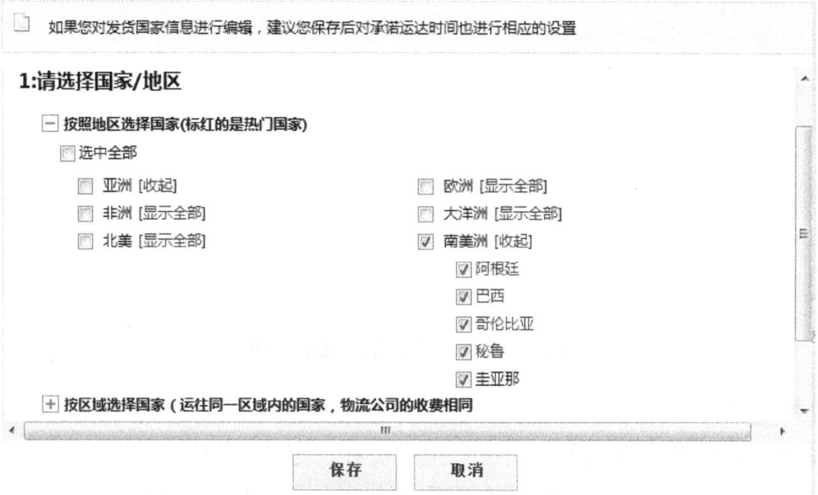

图 3-8　速卖通平台运费运费组合界面

（1）设置发货类型（见图 3-9）。

图 3-9　速卖通平台发货类型设置界面

（2）在设置运费类型下拉框选择“卖家承担运费”，并且点击“保存”按钮添加（见图 3-10）。

图 3-10　速卖通平台运费类型设置界面

4. 标准运费设置

如图 3-11 所示，我们勾选的区域为包邮，其他未勾选区域需要支付全额运费，也可点击“不发货”按钮（由于部分物流商不支持送达该国，如中邮挂号小包目前不支持送往巴西）。卖家需要设置不同地区不同的运费组合，可通过运费添加实现。

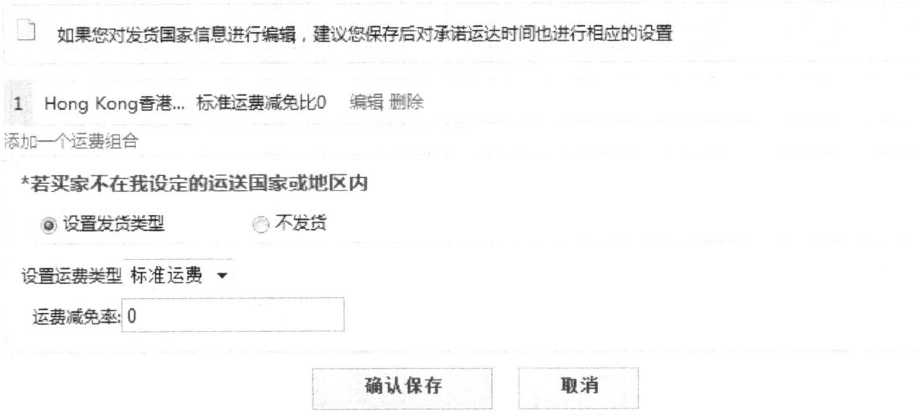

图 3-11　速卖通平台标准运费设置界面

五、运费计算

1. 操作路径

进入“产品管理”—“运费模板”—“下载线上发货报价”。

2. 计费方式

如表 3-9 所示为我们线上发货报价单，西班牙、法国、荷兰、智利、英国有优惠价格，以优惠价格为准。

（1）小包 1g 起重，按 g 计算；打包 0.5g 起重，每 500g 计费；小包普货，小包非普货及大包计费标准不同，部分国家不支持寄送打包货物。

（2）小包普货计费：适用于普货（申报且实际品类不含有电池/非液态化妆品），且包裹重量（申报重量且实际重量）≤2kg，包裹单边长度≤60cm，且包裹长+宽+高≤90cm。

（3）小包非普货计费：适用于非普货（申报且实际品类含有电池/费液态化妆品），且包裹重量（申报重量且实际重量）≤2kg，且包裹单边长度≤60cm，且包裹长+宽+高≤90cm。

（4）大包计费：包裹申报重量 > 2kg，或包裹实际重量 > 2kg，或包裹单边长度 > 60cm，或包裹长+宽+高 > 90cm。

3. 运费报价单

运费报价单中有：①小包普货计费；②小包非普货计费；③大包计费，根据自己的产品进行选择。例如，1kg 不含有电池/非液体化妆品等商品可选择小包普货计费，1kg 含有电池/液体化妆品等商品可选择小包非普货计费，2kg 以上的产品则需选择大包计费。另外，不同国家/地区对包裹的重量上限不同，具体如表 3-10 所示。

表 3-9　速卖通平台线上发货运费报价单

国家/地区列表			小包普货计费									
			配送服务费元（人民币）/kg（每1g 计重）	挂号服务费元（人民币）/包裹	配送服务费元（人民币）/kg（每1g 计重）	挂号服务费元（人民币）/包裹	配送服务费元（人民币）/kg（每1g 计重）	挂号服务费元（人民币）/包裹				
			0~150g		150~300g		300~2000g（含）					
Spain	ES	西班牙	60.50	14.85	57.20	15.95	48.40	18.70				
France	FR	法国	71.40	12.60	60.90	13.65	60.90	13.65				
Netherlands	NL	荷兰	110.00	10.45	55.00	18.48	49.50	19.80				
Chile	CL	智利	71.00	19.00	71.00	22.00	64.00	24.00				
United Klingdom	UK	英国	70.00	15.00	50.00	18.00	43.00	20.00				
国家/地区列表			小包普货计费						小包非普货计费		大包计费	
			配送服务费元（人民币）/kg（每1g 计重）	挂号服务费元（人民币）/包裹	配送服务费元（人民币）/kg（每1g 计重）	挂号服务费元（人民币）/包裹	配送服务费元（人民币）/kg（每1g 计重）	挂号服务费元（人民币）/包裹	配送服务费元（人民币）/kg（每 1g 计重）	挂号服务费元（人民币）/包裹	0.5kg 首重元（人民币）/包裹	续重（每500g)元（人民币）/500g
Russinan Federation	RU	俄罗斯	70.00	13.00	66.00	13.00	63.00	16.00	100.00	13.00	108.10	41.00
Spain	ES	西班牙	57.04	17.93	57.04	17.93	57.04	17.93	70.19	16.00	125.60	27.00
France	FR	法国	78.54	13.86	66.99	15.02	66.99	15.02	68.59	22.24	140.00	24.50
Netherlands	NL	荷兰	51.70	23.05	51.70	23.05	51.70	23.05	65.37	23.77	150.00	24.50
Chile	CL	智利	78.10	20.90	78.10	24.20	70.40	26.40	90.10	22.24	221.70	73.20

续表

国家/地区列表			小包普货计费						小包非普货计费		大包计费	
			配送服务费元（人民币）/kg（每1g计重）	挂号服务费元（人民币）/包裹	配送服务费元（人民币）/kg（每1g计重）	挂号服务费元（人民币）/包裹	配送服务费元（人民币）/kg（每1g计重）	挂号服务费元（人民币）/包裹	配送服务费元（人民币）/kg（每1g计重）	挂号服务费元（人民币）/包裹	0.5kg首重元（人民币）/包裹	续重（每500g）元（人民币）/500g
United Kingdom	UK	英国	77.00	16.50	55.00	19.80	47.30	22.00	52.52	25.81	130.60	22.00
Afghanistan	AF	阿富汗	135.70	18.14	135.70	18.14	135.70	18.14	142.49	17.14		
Aland Isiands	ALA	奥兰群岛	122.95	18.14	122.95	18.14	120.95	18.14	129.10	17.14		
Albania	AL	阿尔巴尼亚	122.95	18.14	122.95	18.14	120.95	18.14	129.10	17.14		
Algeria	DZ	阿尔及利亚	135.70	18.14	135.70	18.14	135.70	18.14	142.49	17.14		
American Samoa	AS	东萨摩亚（美）	129.04	15.85	129.04	15.85	129.04	15.85	136.44	14.85		
Andorra	AO	安道尔	122.95	18.14	122.95	18.14	122.95	18.14	129.10	17.14		
Anguilla	AL	安哥拉	135.70	18.14	135.70	18.14	155.70	18.14	142.49	17.14		
Antanctica	AQ	安奎拉岛（英）	135.70	18.14	135.70	18.14	155.70	18.14	142.49	17.14		
Antigua and Barbuds	AG	安提瓜和巴布达	135.70	18.14	135.70	18.14	155.70	18.14	142.49	17.14		
Argentina	AR	阿根廷	126.89	15.85	126.89	15.80	126.89	15.85	134.08	14.85		
Armerian	AM	亚美尼亚	122.95	18.14	122.95	18.14	122.95	18.14	129.10	17.14		
Aruba	AW	阿鲁巴岛	135.70	18.14	135.70	18.14	135.70	18.14	142.49	17.14		

表 3-10　运费报价单

国家/地区	重量限制	体积限制
奥地利、巴林、比利时、不丹、保加利亚、塞浦路斯、丹麦、斐济、芬兰、法国、德国、希腊、匈牙利、印度、爱尔兰、日本、约旦、科威特、卢森堡、马来西亚、马尔代夫、蒙古、荷兰、挪威、阿曼、巴基斯坦、菲律宾、沙特阿拉伯、新加坡、所罗门群岛、索马里、韩国、瑞典、瑞士、泰国、阿拉伯联合酋长国、越南、也门、智利、捷克	不超过 30kg	单边长度不超过 150cm，三边长度之和不超过 200cm
巴西、加拿大、埃及、西班牙、英国、印度尼西亚、以色列、冰岛、意大利、老挝、斯里兰卡、新西兰、波兰、葡萄牙、卡塔尔、罗马尼亚、俄罗斯、斯洛文尼亚、土耳其、乌克兰、美国、缅甸、白俄罗斯、墨西哥	不超过 30kg	单边长度不超过 105cm，三边长度之和不超过 200cm
澳大利亚	不超过 30kg，香港仓发澳大利亚不超过 2kg	包裹单边长度不超过 105cm，最小面周长不超过 140cm，体积不超过 $0.25m^3$
孟加拉国	不超过 20kg	单边长度不超过 105cm，三边长度之和不超过 200cm

如表 3-11 所示，产品售价为 15 美元，包裹重量 240g，属于普货，且包裹的长宽高不超过物流规定，运往国家为俄罗斯，可得：配送服务费［66 元（人民币）/kg］×包裹重量（0.24kg）挂号服务费［13 元（人民币）/包裹］=28.84 元（人民币）。

表 3-11　航空小包物流报价单

国家列表			小包普货计费						小包非普货计费		大包计费	
			0~150g（含）		150~300g（含）		300~2 000g（含）		0~2 000g（含）			
			配送服务费元（人民币）/kg（每 1g 计重）	挂号服务费元（人民币）/包裹	配送服务费元（人民币）/kg（每 1g 计重）	挂号服务费元（人民币）/包裹	配送服务费元（人民币）/kg（每 1g 计重）	挂号服务费元（人民币）/包裹	配送服务费元（人民币）/kg（每 1g 计重）	挂号服务费元（人民币）/包裹	0.5kg 首重元（人民币）/包裹	续重（每 500g）元（人民币）/500g
Russian Federation	RU	俄罗斯	70.00	13.00	66.00	13.00	63.00	16.00	100.00	16.00	108.10	41.00

案例解析

全球速卖通——“一带一路”网络先锋 开启外贸新时代

古老的“丝绸之路”发端于辉煌灿烂的中华文明。2 000 年前，商贾们穿越雪域大漠、古道楼兰，用脚步丈量出大陆间的距离，把中国和世界连接在了一起。如今，“一带一路”兴起和发展于全球互联互通的互联网时代。人们只要掏出手机、轻轻点触屏幕，就可以坐等各国商品送到家中，互联网的任何一端都可以成为“网上新丝路”的起点。“一带一路”是一出“政府搭台、企业唱戏”的世纪大剧，体现了中国作为一个负责任的大国在这个时代对世界的担当，也是千万企业实现“货通全球”愿景的大舞台，更能帮助每个普通人实现生活可以更美好的“小心愿”。互联网为“一带一路”带来无数全新的可能，它可以打破时空、地域、语言、文化、传统等桎梏。实际上，电商企业已经率先出发，如以阿里巴巴全球速卖通（AliExpress）为代表的跨境电商，一方面受惠于国家“一带一路”的政策；另一方面已经成为推动“一带一路”发展的一股不可忽视的创新力量。在俄罗斯、乌克兰、波兰、立陶宛、土耳其、以色列、科威特、泰国、不丹、马尔代夫等“一带一路”沿线国家，速卖通不仅培养了大批的“洋剁手族”，也让国际贸易充满了新的活力与生机。“阿里巴巴们”希望借助互联网的力量打开那扇“新外贸”的大门，让中国品牌“群龙出海”，让国际贸易不再有高企的门槛，不再只是大企业的盛会，让中小企业也登上舞台、展现魅力，而数以百万计的中小企业，恰恰是未来“新外贸”能够充满源源新动力的关键所在。

阿里巴巴全球速卖通的“洋小二”，“一带一路”上的“国际版淘宝”

“你来自速卖通？”从机场的签证官员到餐厅的服务生，2015 年到以色列出差的速卖通总经理沈涤凡一路都遇到了速卖通买家的热情询问，尽管彼时，速卖通在以色列还没有一个员工，“但现在速卖通在以色列几乎到了家喻户晓的程度。”沈涤凡说。实际上，不仅在以色列，速卖通在很多国家都已经是当地最受欢迎的“海淘”电商平台。尽管速卖通之前在国内知名度不高，但可以说是“墙内开花墙外香”。据记者了解，AliExpress 正式上线于 2010 年 4 月，是阿里巴巴旗下面向全球市场打造的在线交易平台，被称为“国际版淘宝”。经过 7 年的发展，速卖通目前的用户已经遍及 220 多个国家和地区，也是中国唯一一个能够覆盖“一带一路”全部国家和地区的跨境出口 B2C 新外贸交易平台。2017 年 4 月 10 日，阿里巴巴首次对外披露了全球速卖通的最新成绩单：全球速卖通的海外买家数累计突破 1 亿；过去 12 个月活跃买家数超过 6 000 万；最近一周每天新增买家用户 14.4 万，每天访客超过 2 000 万，“1 亿买家是一个里程碑，代表了某种程度上的成熟。但这只是一个小目标，下一个 10 年是中国全球化的 10 年，也是阿里巴巴全球化的 10 年。阿里巴巴要在 2025 年服务全球 20 亿消费者，其中至少有 10 亿来自海外。”沈涤凡告诉《中国经济周刊》记者。沈涤凡表示，速卖通这 8 年的发展，最让人欣慰的是速卖通一方面通过物流、支付等基础设施的不断改善，逐步提升了全球过亿买家的购物体验；另一方面通过与平台商家的共同努力，践行了“中国制造”的转型升级，并在不知不觉中几乎覆盖了“一带一路”沿线的全部国家，让国内中小企业在互联网上走出了一条“新丝绸之路”。“我们在速卖通的业务发展中发现，很多重点国家都是‘一带一路’的沿线国家。”速卖通卖家运营总监胡彦辉告诉《中国经济周刊》记者。因为“一带一路”沿线的很多国家轻工业和消费品并不发达，物美价廉的中国制造非常受欢迎。“权威机构的调研数据表明，中国货已经超过美国货成为最受全世界‘海淘’买家欢迎的商品，英国、德国和日本分别是第3~5名。”胡彦辉说。2017年4月10日，阿里巴巴集团合伙人、B2B事业群总裁戴珊，全球速卖通总经理沈涤凡和全球速卖通生态代表一起宣布，全球速卖通平台海外买家数突破一亿，正式开启亿级消费群体新时代。沈涤凡也表示，受惠于“一带一路”，很多速卖通进入国的政府出台了大量的利好政策，尤其是在投资和物流体系上给予了很多方便和帮助，这也推动了跨境电商的快速发展。与此同时，跨境电商也已经成为“一带一路”建设中一支不可忽视的先锋力量。通过这条“网上丝绸之路”，各国之间资金流、人才流、信息流和物流连接更通畅，商贸往来更便捷，人民交往更密切。据商务部预测，未来几年跨境电商占中国进出口贸易比例将提高到20%，年增长率将超过30%。比如，在目前速卖通业务发展最为成功的国家——俄罗斯，俄语中甚至出现了一个类似于“剁手族”的新词——“淘戈利克”，意思是“淘宝控”。再比如，马尔代夫也已经成为速卖通上的活跃国家，去马尔代夫旅游，大家可能需要“当心”了，因为当地的许多旅游纪念品，很可能来自中国。胡彦辉表示，自己早在2012年到马尔代夫旅游就曾遇到过义乌制造的马尔代夫纪念品。

修路搭台搞基建，倒逼商业基础设施改善

尽管“战斗民族”“买买买”起来决不手软，但是在俄罗斯，一个包裹曾经需要60天才能收到：买一件薄羽绒服，收到的时候已经大雪漫天；再买一件厚羽绒服，收到的时候天气已经转暖。而如今，速卖通联合菜鸟物流与俄罗斯邮政等机构达成战略合作，设计香港直飞莫斯科的新线路，包裹最快的4天即可送达。在莫斯科和圣彼得堡，一些商品可以通过菜鸟海外仓发货，甚至可以做到次日达。作为俄罗斯最大也最受欢迎的电商平台，速卖通的物流单量已经占到了整个俄罗斯的一半。菜鸟国际业务的相关负责人方超告诉《中国经济周刊》记者，“双十一”期间，菜鸟物流也会考虑在热门地区采用包机的形式，比如去年“双十一”期间就在俄罗斯实现了包机，从哈尔滨路线出发。确实，很多“一带一路”沿线国家，商业基础设施并不完善，物流成本极高、信用体系欠缺、支付体系尚待建设。欧美成熟的电商模式在商业基础设施成熟的地区虽然如鱼得水，但是在这些地区举步维艰。这一切像极了多年前的中国：正如十几年来在中国发生的一切，电商的快速发展倒逼了物流、支付的改变，而阿里巴巴也正是通过赋能商家，修路、搭台、搞商业基础设施建设，才收获了如今庞大如帝国的生态森林。

西班牙地铁的速卖通广告

在沈涤凡看来，国际市场的发展也是如此，这一切对于阿里巴巴来说并不陌生，现在要做的不过是把阿里巴巴在开拓国内市场时所做的事情进行重演。“2004 年，当时电商、网购刚刚起步，我在淘宝上买了一盒云南普洱茶，足足一个月才收到货。在今天这是一定要投诉的，但当时我非常惊喜，居然真的收到了。因为在没有电商平台之前，我几乎不会在距离家 10 千米之外的地方买东西。”沈涤凡回忆说。如今，网购已经是数亿国人的生活日常，仅仅是淘宝和天猫的交易额就占到中国零售总额的 15%左右。而速卖通上买家数量的增长速度要比当年的淘宝快得多。“我们知道历史，所以知道未来。”沈涤凡说。实际上，随着速卖通订单的不断增长，确实倒逼一些地区更新了陈旧的邮政运转机器，并促使其银行系统实行了变革。阿里巴巴提供的云计算和大数据服务，也提高了其邮政清关、分拣的效率。作为新商业不可或缺的基础设施，阿里云的飞天技术也已经“出海”，服务了很多“一带一路”沿线国家和地区。据沈涤凡透露，速卖通联合菜鸟物流极大提高了海外的配送效率，菜鸟物流已开辟跨境专线 16 条、跨境仓库 74 个、物流合作伙伴超过 90 家，货达 220 余个国家和地区。“物流对跨境电商很关键。如今的速卖通已从信息传递者变成智能物流调度中心，速卖通的大数据预测能帮助卖家更精准地配货，也让消费者拥有买跨境商品就像在当地商店一样的体验。”而且，速卖通用户数和销售量的不断扩大和积累，为菜鸟物流建海外仓提供了足够的数据支撑，从而可以做出科学的预测。现在通过速卖通的海外仓，西班牙马德里的用户下单 5 小时后就可以收到来自中国的红米手机。电商交易要涉及信息流、物流和资金流“三驾马车”，信息流（交易流）在速卖通，菜鸟负责物流，蚂蚁金服则负责资金流。据记者了解，速卖通联合支付宝已经打通全球 220 多个国家和地区的资金渠道，和海外 200 多家金融机构达成合作，支持 18 种货币结算，覆盖了海外的所有主流支付方式，为全球用户铺设了一条安全、快捷的跨境线上支付的绿色通道，在不同国家和地区可以提供差异化本地货币的服务。但在一些国家，很多用户并不持卡，现金仍是支付的主要渠道，至少是重要渠道。沈涤凡表示，在这些国家，用户也可以通过去银行付现金的方式获得一串号码，然后拿这串号码登录速卖通下单支付。“但是，现金终会在全球消失，取而代之的将是卡和电子支付。我们非常希望和当地的金融机构和支付公司合作，共同推进支付方式的变化。”沈涤凡说。

不过，除了商品种类质量、物流能力和支付便捷度，电商还有一个重要的方面就是售后服务。沈涤凡坦承，跨境电商的退货确实是个难题，比如中国的货物卖到海外，如果退货，回来在中国海关要再收一次税，这个对卖家来讲负担非常大。不过，速卖通还是提供了方便的退货服务，用户在购物时会获得一个退货账号，只需要卖家向当地邮局提供退货单，或者当地物流机构直接用速卖通账号就可以把货退回来。“总之，我们只需专注产品，其他难题都交给速卖通。”一位速卖通平台上的商家说。马云曾不止一次表示，阿里巴巴的使命就是让天下没有难做的生意，这个天下不仅仅是中国。

“网上新丝路”助力中国品牌出海，中小企业成新外贸主力

OUCUI 是潮州地区大大小小 2 000 多家婚纱晚礼服企业中的一家，和其他企业一样，OUCUI 原来也以做代工订单为主，但是随着竞争的日趋激烈，代工的利润越来越低，90

后创业者张伟、沈慧红意识到，代工模式终非长久之计，是走不远的。于是，OUCUI 成为最早一批入驻全球速卖通的商家，并开始尝试从传统单向加工模式变为“挖掘消费者需求—让消费者参与设计过程—生产—配送”的模式，借助速卖通的平台扬帆出海。OUCUI 在速卖通平台曾创造了一天 460 个定制订单的纪录，在高定礼服行业已属大量，实现了日均量近 40 倍的销量突破，用户甚至包括捷克议员的女儿。和 OUCUI 一样，很多中国企业在入驻全球速卖通之前，都一直默默无闻地扮演着廉价代工者的角色。而过去的中国传统外贸也确实主要以代工、原始设计商方式为主，中国制造有 60%以上都没有自己的品牌，也不直接接触消费者，只是做来料加工，当然就没有任何的话语权和定价权，只能赚取微薄的辛苦钱。看上去，中国外贸一直保持着巨大的体量，但是当人口红利渐渐褪去，制造成本节节攀升，许多外贸中间商已经开始逃离中国，转而选择印度、越南等制造成本更低廉的国家和地区进行代工。在沈涤凡看来，从外贸大环境来看，中国制造从廉价代工走向全球品牌化升级已是大势所趋。实际上，速卖通买家过亿背后是要带领中国品牌“群龙出海”的大目标。“未来速卖通会全面推进‘品牌化’与‘本地化’，为中国更多的中小企业赋能，帮助企业通过大数据实现跨境销售，培养一大批能被海外消费者认可的中国品牌，并把企业带到全球更多消费者的身边。这才是中国外贸真正的机会所在，这才是中国外贸升级的未来。”沈涤凡表示，通过“千级品牌计划”为中国制造找出路，希望在完成平台商家企业化和商标化之后，帮助企业面向海外消费者转型升级，并培养出 1 000 个月交易额超过 50 万美元的跨境电商品牌。胡彦辉也表示，品牌出海、实现国际化，中国企业有很多优势，也已经有了不少的成功经验。“我们真的发现和中国国民对比，老外很少迷信大牌。比如我们的中国同事很喜欢买耐克、阿迪达斯的运动鞋，可是我们的外籍同事则都是买李宁、安踏、鸿星尔克。”胡彦辉还举例说，华为、小米、联想等国内一线手机品牌在国外销售很好，可是像手机品牌“一加”、运动品牌“必迈”这样国内可能多数消费者不太熟悉的品牌，在国外却非常受欢迎，还有一些专供非洲的品牌也卖得非常好。“新兴品牌可以利用国际化弯道超车，国内市场已经是红海，国外可能还是蓝海一片。”“中小型卖家的机会更大。”沈涤凡说，“因为跨境电商业的品牌商跟过去的传统制造业的公司的规模完全不一样。”动辄几千人、上万人的企业并不是未来跨境电商的核心合作伙伴。新外贸的主体卖家不会是过去那种 5 000~10 000 人的大公司，而大都是 100~400 人的中小型企业。

（资料来源：《中国经济周刊》文/孙冰 编选：中国电子商务研究中心。）

习题演练

一、单项选择题

1．一款 0.800kg 的茶叶，需要用邮政挂号小包寄到俄罗斯。试计算此款产品的运费。注：俄罗斯运费 100 元/kg，挂号费 16 元（　　）。

A．96 元　　B．80 元　　C．84 元　　D．88 元

2．不是纠纷发生的节点为（　　）。

A．发货前　　B．国内发货被退回

C．被海关扣压　　D．在目的国丢件

3．速卖通上产品库存最大是（　　）

A．999　　B．9 999

C．99 999　　D．999 999

4．中俄航空是属于（　　）方式。

A．经济类物流　　B．标准类物流

C．快速类物流　　D．其他物流

5．EMS 是属于（　　）方式。

A．经济类物流　　B．标准类物流

C．快速类物流　　D．其他物流

6．下列（　　）物流方式不属于快速类物流。

A．中俄快递—SPSR　　B．TNT

C．顺丰速运　　D．139 俄罗斯专线

7．下列（　　）物流方式能走带电产品。

A．中国邮政挂号小包　　B．燕文航空挂号小包

C．速优宝芬邮经济小包　　D．4PX 新邮经济小包

8．当买家由于物流或者产品原因提起纠纷时，不建议采取的措施是（　　）。

A．提议再次下单，一并把之前破损的产品寄给买家

B．下个订单给买家优惠

C．立即同意买家方案退款

D．包裹显示在途，请买家耐心等待

9．产品在买家国家被扣关，以下（　　）是错误的。

A．通知买家去进行清关　　B．发商业发票协助买家进行清关

C．任由产品在海关不去管它　　D．积极联系买家，如有问题联系我们

10．买家以货物破损为由提起纠纷，应对措施是（　　）。

A．立即同意并给买家退款　　B．请买家提供图片证据

C．为买家延长收货期　　D．立即拒接纠纷

11．从 2005 年 8 月 31 日开始，所有进口至巴西的物品的发票及运单上必须注明收件人相关征税 ID 号码，以便收取相关关税。没有收件人征税 ID 的物品申报将被海关扣件（　　）天，之后自动退回发件地，相关费用直接向发件公司收取。

A．15　　B．30　　C．40　　D．50

12．清关是指进口货物、出口货物和转运货物进或出一国海关关境或国境时必须向海关申报，办理海关规定的各项手续，履行各项法规规定的义务；但不需履行的义务有（　　）。

A．办理海关报关资格申报　　B．查验

C．征税　　D．放行

13．我们和纽约相隔的时间大概有（　　）。

A．5 小时　　B．6 小时

C．12 小时　　D．8 小时

14．邮政的航空大包航程一般需要（　　）。

A．2 周　　B．1 周

C．4 周　　D．3 周

15．美国 5 美元以下的订单，以下（　　）不可用。

A．经济类线下发货　　B．经济类线上发货

C．标准类线上发货　　D．快速类线下发货

二、不定项选择题

1．e 邮宝目前可以发往的国家有：美国、澳大利亚、英国、加拿大（　　）等。

A．法国　　B．俄罗斯

C．白俄罗斯　　D．埃及

E．沙特阿拉伯

2．跨境电商常用的跨境货物包装材料有纸箱、(　　)；辅材有封箱胶带、不干胶警示帖、气泡膜等。

A．木板箱　　B．牛皮纸袋

C．文件袋　　D．编织袋

E．快递袋等

3．美国海关对于通过 e 邮宝递送的申报价值在 200 美元以内的产品，(　　)；对于 200~2 000 美元的产品，海关出具关税收取证明，美国邮政上门投递时收取；超过（　　）美元的产品，第三方报关公司清关。

A．收取关税　　B．不收关税

C．2 000　　D．4 000　　E．5 000

4．(　　）不能寄 2kg 以上的包裹。

A．香港邮政小包　　B．中国邮政小包

C．中国邮政大包　　D．香港邮政大包

5．以下（　　）属于邮政快递。

A．香港邮政小包　　B．中国邮政小包

C．EMS　　D．e 邮宝

6．使用中国邮政航空包裹需要注意（　　）。

A．发货后，要及时跟进货物的运输情况。如果出现网上货运追踪信息不全的情况，如只有发货记录，没有妥投记录时，要及时联系买家确认收货情况

B．使用航空小包产品邮寄时，一定要挂号，同时在发货期内在全球速贸通平台上填

写提交发货通知，否则订单款项将会自动退回给买家

C．价值或时效性要求较高的货品，应尽量选择其他运输方式

D．标准运费中仅含运费部分，未包括挂号费、海关验关费、单据费等其他费用，卖家应在设置价格时注意考虑运输成本

7.（　　）按体积计算运费。

A．DHL　　B．UPS　　C．EMS　　D．TNT

8．设置限时达时间后如果货物被海关扣关则（　　）。

A．如果是卖家原因（缺少相关证明、销售假货、仿货等）导致扣关，平台会要求买卖双方进行协商，平台尊重双方达成一致的协议。若未达成一致，将全额退款给买家

B．全额退款给卖家

C．全额退款给买家

D．如果是买家原因不去清关，则货物即使超时未到达也不会全额退款

9.（　　）可以查询物流状态。

A．速卖通卖家频道　　B．订单详情页面

C．商业快递官网　　D．邮政官网

10．新手运费模板中 e 邮宝的承诺运达时间是（　　）。

A．39 天　　B．60 天

C．14 天　　D．27 天

11.（　　）不是按体积计算运费的。

A．DHL　　B．TNT

C．UPS　　D．EMS

12．对于运费价格的设置可以有（　　）几种选项。

A．标准运费　　B．自定义运费

C．免运费　　D．折扣（减免）

13.（　　）需要计算体积重。

A．e 邮宝　　B．UPS

C．中国邮政小包　　D．香港邮政小包

14．线上发货订单填写发货通知后,（　　）内可以修改运单号。

A．1 天　　B．3 天

C．5 天　　D．7 天

15．e 邮宝属于下列（　　）物流方式。

A．经济类　　B．标准类

C．快速类　　D．其他类

16．在设置运费模板时，巴西中邮挂号小包的默认运达时间是（　　）。

A．90 天　　B．75 天

C．60 天　　D．45 天

三、计算题

1．一件物品运往土耳其，实际运费为 60 元，卖家的运费预算是 40 元，那么卖家需要设置运费减免_____%。

2．一票到美国的货物，重 210g，当前折扣为 9 折，标准运费为 90.5 元/kg，计算挂号运费（挂号费为 16 元）。

3．已知 EMS 发往美国首重运费 95 元，续重 29.5 元，按首重 500g、续重 500g 计费，假设包装尺寸完全符合寄件要求，计算 2.22kg 包裹发往洛杉矶的 EMS 运费。

4．一个电动玩具，重 0.3kg，包装后长宽高之和小于 60cm，价值 6 美元，现在由无忧标准物流发往俄罗斯（见表 3-12），计算运费。

表 3-12　无忧标准物流报价单

	小包普货计费						小包非普货计费		大包计费	
	配送服务费元(RMB)/kg（每 1g 计重）	挂号服务费元(RMB)/包裹	配送服务费元(RMB)/kg（每 1g 计重）	挂号服务费元(RMB)/包裹	配送服务费元(RMB)/kg（每 1g 计重）	挂号服务费元(RMB)/包裹	配送服务费元(RMB)/kg*每 1g 计重	挂号服务费元(RMB)/包裹	0.5kg 首重元(RMB)/包裹	续重（每 500g）元(RMB)/500g
俄罗斯	70.00	13.00	66.00	13.00	63.00	16.00	100.00	16.00	108.10	41.00

5．某品牌饰品包装重量 28g，订单金额 2.5 美元，发往俄罗斯，拟使用中国邮政平常小包+发货，经查，发往俄罗斯的价格为 103 元（RMB）/kg，免挂号费，若包邮则跨境物流运费成本为多少？

实践操作

实践任务一：一件产品，重 0.4kg，产品售价 12 美元，其中包含了 50 元的运费预算。现在卖家需要设置无忧标准物流的运费模板，其要求是运费≤50 元的国家包邮，运费≥50 元的国家按照其超出部分进行运费减免的设置，建立一套运费模板。

实践任务二：浙江锦迪电子商务有限公司通过速卖通平台向全球销售消费电子产品。2018 年 6 月 5 日，俄罗斯客户在店铺购买了 5 根数据线，价值 25 美元，包装后的重量为 0.55kg，体积为 40cm×11cm×11cm。根据以下情况回答问题：根据速卖通平台提供的报价表，在不考虑其他条件的情况下，要使得跨境物流运费最低，那么要选用“AliExpress 无忧物流—标准”“AliExpress 无忧物流—优先”“中国邮政平常小包+”“中国邮政挂号小包”“中邮 e 邮宝”中的哪种物流方式？

子情景四 亚马逊 FBA 海外仓

学习目标

知识目标

- 了解亚马逊 FBA 海外仓的含义及优劣势
- 熟悉亚马逊 FBA 所涉及的各项费用
- 掌握亚马逊 FBA 发货后台操作知识
- 了解亚马逊 FBA 产品 Review 介绍及积累方法

能力目标

- 计算不同类型产品的亚马逊 FBA 海外仓费用
- 在亚马逊后台创建发货计划，正确打印并粘贴产品标签和箱子标签

素质目标

- 通过对亚马逊 FBA 的学习，提升学生的业务策划能力
- 掌握初步进入市场经济而独立生存的本领和品质

项目背景

Allen 在浙江英卡顿网络科技有限公司工作表现优秀，公司让他又注册了一家亚马逊店铺主营服装类产品，市场调研选品后开始销售。因为担心囤积货物，他先选择自发货配送。产品上传后，小李发现曝光量不是很大，于是他想用 CPC（点击付费）广告去增加一些曝光量。但由于是自发货，平台前期不分配购物车，不能做 CPC 广告。小李又了解到平台可以报秒杀活动，咨询招商经理后得知，自发货没有资格去申请秒杀、best deal（有时间限制的促销活动）等活动。小李又在经营一段时间后，终于出了一单，不料发货后客户收到产品要求退货，这让小李不知所措，交涉后只能自认倒霉退款白送给买家。这件事情后，小李终于决定使用 FBA。发了几款亚马逊热销款式后，使用了 CPC 广告，几天就出单了。不断优化 CPC 广告后，订单越来越多，广告费用也慢慢变低。后来，小李又报名参加亚马逊的站内秒杀活动，秒杀活动为小李的店铺锦上添花，产品一下子到了排行信息的前几页，订单量自然逐渐多了起来，店铺开始良性发展。

任务实施

步骤 1：了解 FBA 后台操作流程

步骤 2：了解 FBA 限制品以及损失补偿政策

步骤 3：了解 FBA 物流方案

步骤 4：了解产品 Review 介绍及积累方法

知识铺垫

一、FBA 的定义及优劣势

1. FBA（Fulfillment by Amazon）的定义

亚马逊物流（Fulfillment by Amazon，FBA）是由亚马逊提供的高标准的物流服务，包括仓储、拣货、包装、配送、收款、客服和退货在内的所有物流服务。

2. FBA 的优劣势

（1）FBA 的优势。

① 配送时效快（仓库大多靠近机场）。

② 7 天 24 小时全天候专业客服。

③ 支持多渠道配送，满足跨平台运营需求。

④ 多年丰富的物流经验，仓库遍布全世界，智能化管理（2012 年收购机器人制造公司 Kiva Systems）。

⑤ 提高 listing 排名，提高客户的信任度，提高销售额。

（2）FBA 的劣势。

① 一般来说，综合物流费用比国内发货偏高，但是也要看产品重量，一般比较适合体积小、重量轻、售价较高的产品，如果是体积大、重量轻，那么 FBA 的头程算泡货，成本极其高昂，甚至是产品成本的 1~2 倍。

② 灵活性差，FBA 的客服只能回答物流退换货等简单的问题，对于专业的产品问题，亚马逊客服根本不了解，也回答不了。如果客户要求退换货，亚马逊客服会无条件答应。

③ 如果前期工作没有做好，最常见就是贴产品标签问题，会影响入仓，甚至入不了库，这样就要请头程物流公司的工作人员帮忙处理标签问题，收费是处理费的两倍。

④ 如果做的是美国 FBA，则退货地址只支持美国。如果再退回国内就算进口，这样国内的关税会极其高昂。另外，就算请 FBA 销毁，也要收取销毁费用。

二、FBA 的尺寸标准

FBA 的费用主要是根据产品的包装尺寸及重量来收取的，首先了解一下 FBA 的尺寸标准和重量是如何划分的，如表 3-13 所示。

表 3-13 FBA 的尺寸与重量标准划分

产品尺寸	最长边	中长边	最短边	长边+底面周长	重量
小标准尺寸	15"	12"	0.75"	N/A	媒质：14 盎司 非媒质：12 盎司
大标准尺寸	18"	14"	8"	N/A	20 磅
小超标准尺寸	60"	30"	N/A	130"	70 磅
中超标准尺寸	108"	N/A	N/A	130"	150 磅
大超标准尺寸	108"	N/A	N/A	165"	150 磅
特殊超标准尺寸	>108"	N/A	N/A	>165"	>150 磅

（1）单个包装单位的商品满足以下所有要求的为标准尺寸，只要有一个条件不满足就是超大尺寸：重量≤20 磅，最长边≤18"，中长边≤14"，最短边≤8"。

（2）超标准尺寸里的“长边+底面周长”是以最长边为高，另两边组成的平面底面。

（3）FBA 中常见计量单位换算。

① 1"（in，英寸）= 2.54 cm，1 lb（磅）= 0.4536 kg，1 oz（盎司）= 28.35 g。

② 1 ft^3（立方英尺）= 28.32 dm^3（立方分米）= 0.028 316 8 m^3（立方米）。

③ 1m^3（立方米）= 35.314 724 8 ft^3（立方英尺）。

为了确定正确的标准划分，符合标准尺寸商品使用商品重量归类（重量超过 1 磅的标准尺寸非媒介类商品除外）；对于小号、中号和大号大件商品，以及重量超过 1 磅的标准尺寸非媒介类商品，应使用商品重量或体积重量[体积重量等于商品体积（长×宽×高，以英寸为单位）除以 166]中的较大者。

注意：这些计算仅适用于确定相应分段的情况，如果要计算首重和续重费，就必须使用出库配送重量。

三、FBA 费用的计算方式

FBA 费用=执行费+月仓储费

1. 执行费

如表 3-14 所示，亚马逊物流配送费用标准自 2017 年 2 月 22 日起执行。

表 3-14 亚马逊物流配送费用标准

标准尺寸非媒介类商品（按件收取）				
	小号标准尺寸（不超过 1 磅）	大号标准尺寸（不超过 1 磅）	大号标准尺寸（1~2 磅）	大号标准尺寸（超过 2 磅）
1—9 月	2.41 美元	2.99 美元	4.18 美元	4.18 美元+（超出首重 2 磅的部分）×0.39 美元/磅

续表

	小号标准尺寸（不超过 1 磅）	大号标准尺寸（不超过 1 磅）	大号标准尺寸（1~2 磅）	大号标准尺寸（超过 2 磅）
10—12 月	2.39 美元	2.88 美元	3.96 美元	3.96 美元+（超出首重 2 磅的部分）×0.35 美元/磅
标准尺寸媒介类商品（按件收取）				
	小号标准尺寸（不超过 1 磅）	大号标准尺寸（不超过 1 磅）	大号标准尺寸（1~2 磅）	大号标准尺寸（超过 2 磅）
1—9 月	2.41 美元	2.99 美元	4.18 美元	4.18 美元+（超出首重 2 的部分）×0.39 美元/磅
10—12 月	2.39 美元	2.88 美元	3.96 美元	3.96 美元+（超出首重 2 磅的部分）×0.35 美元/磅
大件配送费用（按件收取）				
	小号大件	中号大件	大号大件	特殊大件
1—9 月	6.85 美元+（超出首重 2 磅的部分）×0.39 美元/磅	9.20 美元+（超出首重 2 磅的部分）×0.39 美元/ 磅	75.06 美元+（超出首重 90 磅的部分）×0.80 美元/磅	138.08 美元+（超出首重 90 磅的部分）×0.92 美元/磅
10—12 月	6.69 美元+（超出首重 2 磅的部分）×0.35 美元/磅	8.73 美元+（超出首重 2 磅的部分）×0.35 美元/磅	69.50 美元+（超出首重 90 磅的部分）×0.76 美元/磅	131.44 美元+（超出首重 90 磅的部分）×0.88 美元/磅

注：实际出库重量是基于出库装运的实际重量。Amazon 在产品出库的时候会加上一些包装保护材料和纸箱等，因此产品的出库配送重量并不等于产品入库时的重量。

计算出库配送重量，得出首重和续重费。

（1）标准尺寸（除重量超过 1 磅的大号标准尺寸非媒介类商品之外）和特殊超大尺寸。

每件商品均需计算出库配送重量，计算方式为包装重量加商品重量。每件商品的总重量数值要四舍五入到最接近的磅数。然后，根据表 3-14 列出的数值，出库配送重量可以用来计算首重和续重费。

（2）大号标准尺寸（非媒介类商品重量大于 1 磅），小号超大尺寸、中号超大尺寸和大号超大尺寸。

每件商品均需计算出库配送重量，计算方式是包装重量加商品重量或体积重量，取商品重量或体积重量的较大值。每件商品的总重量数值向上取整数值（如 2.1 磅取整数为 3 磅）。出库配送重量（见表 3-15）可以用来计算首重和续重费。

表 3-15　出库配送重量表

商品尺寸分段和类别	包装重量	出库配送重量
标准尺寸媒介类商品	2 盎司（0.125 磅）	商品重量[①]+包装重量[②] 向上取整到最接近的磅数
标准尺寸非媒介类商品（1 磅或更低）	4 盎司（0.25 磅）	商品重量+包装重量 向上取整到最接近的磅数
标准尺寸非媒介类商品（大于 1 磅）	4 盎司（0.25 磅）	（商品重量或体积重量[③]中的较大者）+包装重量 向上取整到最接近的磅数
小号、中号和大号大件	16 盎司（1.00 磅）	（商品重量或体积重量中的较大者）+包装重量 向上取整到最接近的磅数
特殊大件	16 盎司（1.00 磅）	商品重量+包装重量 向上取整到最接近的磅数

注意：用来计算费用的商品重量、尺寸和其他测量数值由亚马逊决定，根据不同包装可能有变化。体积可能根据包装类型的不同而有所变化。

2. 月仓储费

自 2017 年 3 月 1 日起，标准尺寸商品的月度库存仓储费将从每立方英尺 0.54 美元提高至每立方英尺 0.64 美元。1—9 月储存在亚马逊运营中心的标准尺寸商品均需支付此费用。对于在此期间储存的大件商品，费用不做调整。

自 2017 年 10 月 1 日起，标准尺寸商品和大件商品在 10 月的月度库存仓储费将会提高，以便与 11 月和 12 月的月度库存仓储费保持一致。届时，亚马逊还会降低在 10 月配送的所有商品的配送费用，以便与 11 月和 12 月的配送费用保持一致，如表 3-16 所示。

表 3-16　月度库存仓储费

2017 年 10 月 1 日之前		
	标准尺寸	大　件
1—10 月	每立方英尺 0.54 美元	每立方英尺 0.43 美元
11—12 月	每立方英尺 2.25 美元	每立方英尺 1.15 美元
自 2017 年 10 月 1 日起		
	标准尺寸	大　件
1—9 月	每立方英尺 0.64 美元	每立方英尺 0.43 美元
10—12 月	每立方英尺 2.35 美元	每立方英尺 1.15 美元

① 商品重量是指单个商品的重量。

② 包装重量是指包装箱和包装材料的重量。亚马逊使用这些标准化重量值，计算出库配送重量。

③ 体积重量等于商品体积（长×宽×高，以英寸为单位）除以 166。对于重量超过 1 磅的大号标准尺寸非媒介类商品以及所有的小号、中号和大号超大尺寸商品，如果体积重量大于商品重量，使用体积重量。

3．库存配置服务费

自 2017 年 7 月 19 日起，亚马逊将在用户创建入库计划时，更频繁地询问用户是否要将商品发往多个目的地。用户可以在每个入库计划中选择遵循亚马逊的指南或使用库存配置服务，这使用户能够选择运往较少的目的地。如果用户使用库存配置服务，亚马逊将按件收取服务费（见表 3-17 和表 3-18）。具体费用取决于用户选择的目的地数量。

表 3-17　库存配置服务费（标准尺寸）详情表

<table>
<tr><td colspan="4">2017 年 7 月 19 日之前</td></tr>
<tr><td colspan="4">0.30 美元 +（超出首重 2 磅的部分）× 0.10 美元/磅</td></tr>
<tr><td colspan="4">自 2017 年 7 月 19 日起</td></tr>
<tr><td rowspan="2">亚马逊推荐的货件目的地</td><td colspan="3">选择的货件目的地（按件收取费用）</td></tr>
<tr><td>三个</td><td>两个</td><td>一个</td></tr>
<tr><td>三个</td><td>免费</td><td>0.10 美元+（超出首重 2 磅的部分）× 0.10 美元/磅</td><td>0.30 美元+（超出首重 2 磅的部分）× 0.10 美元/磅</td></tr>
<tr><td>两个</td><td colspan="2">免费</td><td>0.20 美元+（超出首重 2 磅的部分）× 0.10 美元/磅</td></tr>
<tr><td>一个</td><td colspan="3">免费</td></tr>
</table>

表 3-18　库存配置服务费（大件）详情表

<table>
<tr><td colspan="4">2017 年 7 月 19 日之前</td></tr>
<tr><td colspan="4">1.30 美元 +（超出首重 5 磅的部分）× 0.20 美元/磅</td></tr>
<tr><td colspan="4">自 2017 年 7 月 19 日起</td></tr>
<tr><td rowspan="2">亚马逊推荐的货件目的地</td><td colspan="3">卖家选择的货件目的地（按件收取费用）</td></tr>
<tr><td>三个</td><td>两个</td><td>一个</td></tr>
<tr><td>三个</td><td>免费</td><td>0.50 美元+（超出首重 5 磅的部分）× 0.20 美元/磅</td><td>1.65 美元+（超出首重 5 磅的部分）× 0.20 美元/磅</td></tr>
<tr><td>两个</td><td colspan="2">免费</td><td>0.70 美元+（超出首重 5 磅的部分）× 0.20 美元/磅</td></tr>
<tr><td>一个</td><td colspan="3">免费</td></tr>
</table>

如果卖家在亚马逊后台建发货计划时，亚马逊推荐了三个目的地，为了节省物流成本，卖家可以在后台进行合仓操作（合仓要收取库存配置服务费），将三个货件目的地缩减成两个或一个。例如，在标准尺寸条件下（7 月 19 日之后），亚马逊推荐的货件目的地有纽约、洛杉矶、西雅图三个，如果缩减成两个，其库存配置服务费的计算为 0.10 美元+（超出首重 2 磅的部分）× 0.10 美元/磅（见表 3-12）。

四、FBA 后台操作流程

FBA 操作流程具体如下。

1．将商品发送给亚马逊

卖家将自己的新品或二手商品发送至亚马逊运营中心。

（1）将商品信息上传到卖家平台。

（2）让亚马逊配送全部库存或部分库存。

（3）打印亚马逊提供的 PDF 标签或使用亚马逊物流贴标服务。

（4）使用亚马逊的物流或选择卖家自己的承运人。

2．亚马逊存储卖家的商品

亚马逊将卖家的商品分类存储在亚马逊的待发货库存中。

（1）亚马逊接收并扫描卖家的库存。

（2）亚马逊记录商品尺寸以便进行存储。

（3）卖家通过亚马逊的集成跟踪系统监控库存。

3．买家对商品下单

（1）总价超过 35 美元的订单符合免费配送的资格，则商品将按照不含运费的商品价格进行排序。

（2）亚马逊 prime 会员可以更新符合条件的亚马逊物流商品的配送设置。

（3）不包括其他网站的多渠道配送订单及 Amazon Webstore 和 Checkout by Amazon 在内的服务。

（4）亚马逊分拣并包装商品。亚马逊物流从库存分拣并包装商品，准备配送。

① 亚马逊利用高级网站到库房、高速分拣和分类系统定位商品。

② 买家可以将该订单与其他亚马逊配送的商品合并。

4．亚马逊配送商品

亚马逊将商品从运营中心网络配送至买家手中。

（1）亚马逊利用买家选择的配送方式配送买家的订单。

（2）亚马逊为买家提供跟踪信息。

（3）对于在 Amazon 平台上所下的订单，买家可以联系亚马逊寻求客户服务。

五、FBA 限制品及损失补偿政策

1．FBA 限制品

（1）危险品。根据国际和美国国家法规的定义，危险物质（“危险品”）指纯化学品、混合物质、制成品，或者如果存储、运输或处理不当可能给人、动物或环境带来风险的物品。

家用清洁剂和园艺产品等常见危险物质的包装通常带有危险警示标签和健康与安全警示，表明危险性质以及意外泄漏或吞服此物品时应采取的措施。

亚马逊物流无法处理被美国交通部法规定义为危险物质的大多数商品，其中包括（但不限于）炸药；压缩气体或气雾剂；可燃性液体或固体；氧化剂；毒药；腐蚀性材料；锂离子和锂金属电池，或者主商品包含或随附此类电池的商品（注意：部分情况下，只要提供了必要信息，亚马逊物流是可以处理锂离子和锂金属电池的）；汽车电池。

（2）亚马逊物流禁运的商品。任何无法以合法方式在美国所有管辖区内销售和分发的商品：酒精饮料（包括无醇啤酒）；汽车轮胎；礼品卡、礼券和其他储值工具；具有未授权营销材料（如宣传册、价格标签和其他非亚马逊贴纸等）的商品（注意：亚马逊不接受预先确定价格的标签或商品）；尺寸超过 144 英寸 × 96 英寸 × 96 英寸或重量超过 150 磅的商品；需要准备但尚未根据亚马逊物流包装和准备要求准备好的商品；包装松动的电池；存在残损或缺陷的商品（注意：如果二手商品标注有适宜的状况，说明其可能存在残损）；在发货前未向亚马逊正确注册标签或标签与所注册的商品不符的商品；不遵守亚马逊与卖家之间任何协议的商品；已被非法复制、复印或制造的商品；亚马逊保留权力销毁和拒绝针对已确定为假冒商品的任何库存的移除请求；被亚马逊确定为不适宜销售的商品。

（3）亚马逊物流丢失和残损库存赔偿政策。

如果卖家的库存在亚马逊掌控期间丢失或残损（在运营中心或在向买家配送期间被亚马逊合作承运人损坏），亚马逊将使用 FNSKU 相同的一件商品进行更换，或向卖家支付丢失库存的估计赔偿金，其中要减去所有适用的亚马逊物流和“我要开店”费用。

赔偿金说明：亚马逊在确定商品价值时会考虑多种因素，包括卖家的销售历史记录、亚马逊上的平均亚马逊物流售价和特定 ASIN 的销售历史记录。如果亚马逊没有充分的信息确定商品的合理价值，则会根据表 3-19 中的默认赔偿金额来确定。

表 3-19　产品类目默认赔偿金额表

产品类目	默认赔偿金额（按每件计）（美元）
书籍	12
音乐	10
影音	10
DVD 光碟	15
电子类	100
珠宝类	50
视频游戏	25
厨具	25
美食	25
家居用品	50
体育器材	50
婴儿用品	20

续表

产品类目	默认赔偿金额（按每件计）（美元）
化妆品	20
保健用品	20
其他类目	25

如果卖家收到的是默认赔偿金，并请求重新评估，亚马逊可能要求其提供更多信息，如收据或发票。这适用于单件商品的赔偿金不超过 5 000 美元的情况。对于价值超过 5 000 美元的商品，亚马逊会建议卖家考虑购买第三方保险。

如上所述，如果亚马逊在其配送网络中找到 FNSKU 和状况与卖家报告丢失或残损的商品相同的商品，亚马逊可能将这些商品转移到卖家的库存以做补偿。如果亚马逊之前已向卖家补偿但之后又找到了丢失库存，或者确定错误地进行了补偿，亚马逊可能使用找到的商品解决未来针对该商品的任何索赔，或者撤回支付到卖家账户的赔偿款项。

六、FBA 物流方案

1. FBA 入库发货方式

（1）直发快递（空运）：DHL、UPS、FedEx 等，一般 20kg 以下价格较为优惠，时效快，适合紧急补货。另外，快递都是免预约入库的，但是要注意亚马逊不作为清关主体，不负责清关和缴税，一定要做好申报和关税预付并且提前准备好当地清关进口商。一般物流公司是可以提供税号借用的，但要收取一定的费用。

（2）FBA 海运：海运+当地清关+目的国配送，三位一体，随时交货随时发。FBA 海运价格便宜，大致每立方米 1 500 元人民币，但是时间较长，从发货到入库需要 40 天左右，对库存的估算要求较高。对于物流公司的选择，一般建议选择有实力、价格较合理的物流公司，如亚马逊龙舟计划、出口易、4PX、三态、Webgistix、Egoglobal 等。

（3）海外仓调拨：如果在海外仓有库存货物，则可以做 FBA 的补货。一般海外仓调拨去亚马逊的选择很多，可以选择快递免预约入库，也可以选择拖车送货。海外仓方式灵活简便，可以多频次补货，补货时间相对较短，但是会有额外的仓储费及手续费产生，而且会有资金的压力。

注：发 FBA 运输必知步骤。

① 检查每一款产品是否与网上填写的运输数量一致。

② 用激光打印机打印合适的标签，纸张大小要适宜，确保标签不会看不清或被弄脏。

③ 依照亚马逊提供的 PDF 文件制作标签，把每个商品都粘上标签。

④ 确定物品的名称和属性与所粘标签相符。

⑤ 在承运人的标签下面，粘上集装箱的标签。

⑥ 选择能提供跟踪号的承运公司，这样亚马逊可以跟踪货物情况。用 Track“Ship and ”按钮输入跟踪号。

2．FBA 包装注意事项

（1）有些包装上会让产品暴露的商品，像是枕头或真品布料类商品，婴儿儿童用品更是如此，必须用塑胶袋包好包紧，确保在运送过程不会沾到灰尘。包装完成后必须确保其条码还能被刷，不行的话要在另外贴上 ASIN 的标签。

（2）易碎品需要小心保护，如利用气泡布，要包得紧紧的，确保其不会在运送过程中弹来弹去。条码必须在不被拆开的前提下可以被扫描到，而且要经过冲击力测试（摔五次都不能破）。

（3）液体类产品的瓶口必须有两层封口，没有的话要再用塑胶包装包起来，并且要经过冲击力测试。

（4）纸箱包装的重量最多不超过 23kg，若单件销售的商品重量超过 23kg，则需要在纸箱上明确张贴“Team Lift”的标签，表示需要团队来操作；箱子重量若超过 45kg，则需要在纸箱上明确张贴“Mech Lift”的标签，表示需要机器来操作。

（5）装有珠宝和手表的纸箱重量不能超过 18kg。

（6）纸箱的任意一边尺寸不得超过 63.5cm，除非单件销售的商品尺寸本来就超过 63.5cm。纸箱的任意一边尺寸若超过 63.5cm，那么纸箱需要放置在 1m × 1.25m 的托盘上，单件销售的商品纸箱尺寸本身超出了标准托盘的尺寸的情况除外。

七、产品 Review 介绍及积累方法

1．产品 Review 介绍

Review 是亚马逊用户对产品做出的评价。Review 分成 5 个星级评价：1、2 星为差评，3 星为中评，4、5 星为好评。Review 的形式可以多样，可以留下文字、图片、视频。Review 只针对产品本身，与服务水平和发货时效等无关，任何亚马逊的用户（曾经在亚马逊平台上至少有过一次购买经历的用户）都可以对自己感兴趣的 Listing 发表 Review。Review 的好坏并不会直接反应到卖家店铺的绩效上，但可以直接影响该条 Listing 的曝光和排名。部分评价截图如图 3-12 所示。

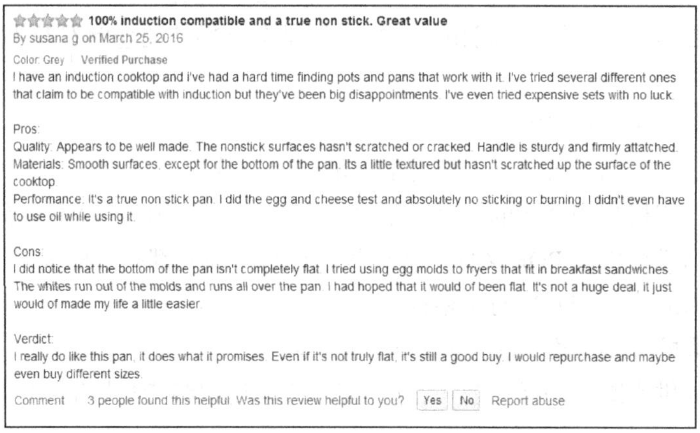

100% induction compatible and a true non stick. Great value

By susana g on March 25, 2016

Color: Grey | Verified Purchase

I have an induction cooktop and i've had a hard time finding pots and pans that work with it. I've tried several different ones that claim to be compatible with induction but they've been big disappointments. I've even tried expensive sets with no luck.

Pros:

Quality: Appears to be well made. The nonstick surfaces hasn't scratched or cracked. Handle is sturdy and firmly attatched.
Materials: Smooth surfaces, except for the bottom of the pan. Its a little textured but hasn't scratched up the surface of the cooktop.
Performance: It's a true non stick pan. I did the egg and cheese test and absolutely no sticking or burning. I didn't even have to use oil while using it.

Cons:

I did notice that the bottom of the pan isn't completely flat. I tried using egg molds to fryers that fit in breakfast sandwiches. The whites run out of the molds and runs all over the pan. I had hoped that it would of been flat. It's not a huge deal, it just would of made my life a little easier.

Verdict:

I really do like this pan, it does what it promises. Even if it's not truly flat, it's still a good buy. I would repurchase and maybe even buy different sizes.

Comment | 3 people found this helpful. Was this review helpful to you? Yes No Report abuse

图 3-12　评价截图

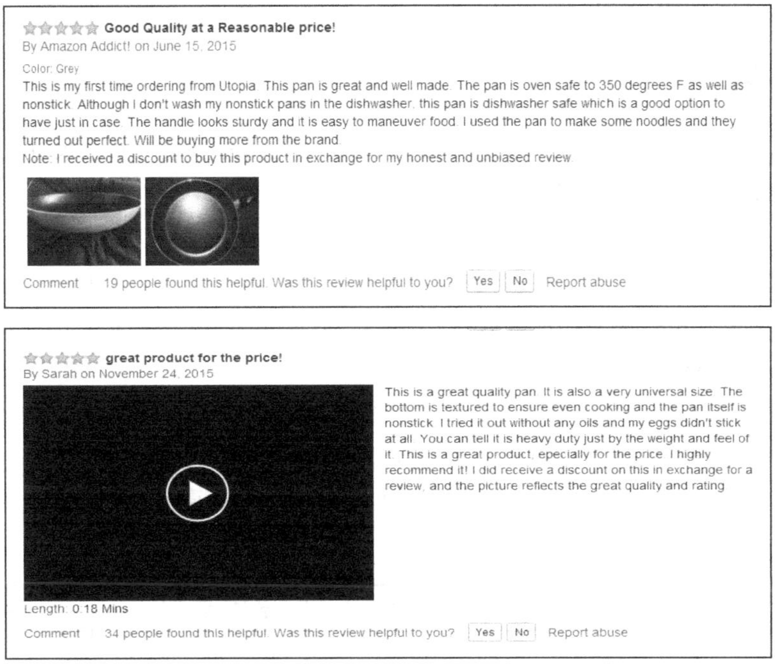

图 3-12　评价截图（续）

2. 初始产品 Review 积累方法及技巧

（1）Email 邀请购物者，使用后评论。一般情况下，买家不会主动发表评论，因此卖家可以以邮件的方式询问买家的售后使用情况，顺便了解买家是否满意，以及是否能够提供建议。邮件的提醒时间要控制好，需要给顾客足够的时间收到商品并使用，但又不可以让顾客失去新鲜感。另外重要的一点是，邮件中不可以有任何要求 5 星好评或者提供犒赏来索取好评的内容。

为了方便买家对商品留评，可以留下链接，买家点击此链接可以直接跳转到所购买的商品页面（“亚马逊 AISN 号码”替换为自己产品的 AISN 号）。

（2）商品附上服务卡。在产品的包装里面放一张具有新意的售后服务卡，写上一些感谢的话语，附带引导买家如果对产品满意请给出一个客观的评价，如图 3-13 所示。

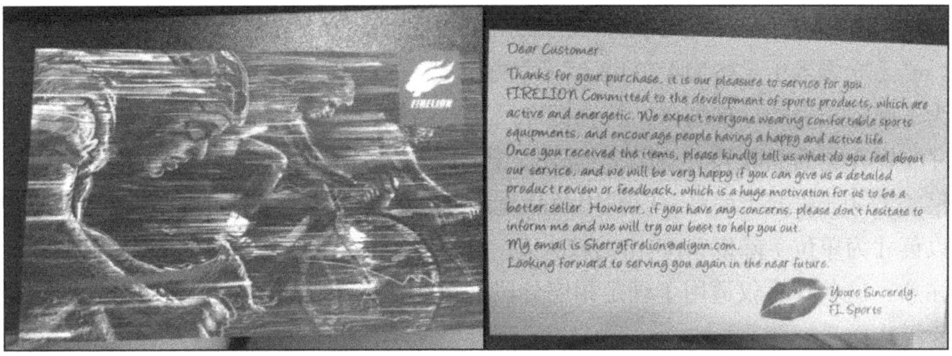

图 3-13　商品服务卡

案例解析

计算某浴巾套装的 FBA1—9 月执行费和 1—9 月的每月月仓库费。尺寸：35 厘米 × 25 厘米 × 8 厘米，包装重量：0.63 千克。

解析：

（1）首先长度单位换算成英寸，重量单位换算成磅。

尺寸：35 厘米 × 25 厘米 × 8 厘米=13.7 英寸 × 9.8 英寸 × 3.1 英寸

包装重量：0.63 千克=1.38 磅

（2）计算体积重量［体积重量等于商品体积（长 × 宽 × 高，以英寸为单位）除以 166］。

体积重（13.7 × 9.8 × 3.1）/166 = 2.5（磅），小于 1.38 磅。

（3）对照表 3-20，FBA 的尺寸与重量标准划分表可知该商品属于“大标准尺寸”。

表 3-20 FBA 的尺寸与重量标准划分

产品尺寸	最长边	中长边	最短边	长边+底面周长	重 量
小标准尺寸①	15"	12"	0.75"	N/A	媒质：14 盎司 非媒质：12 盎司
大标准尺寸②	18"	14"	8"	N/A	20 磅
小超标准尺寸③	60"	30"	N/A	130"	70 磅
中超标准尺寸④	108"	N/A	N/A	130"	150 磅
大超标准尺寸⑤	108"	N/A	N/A	165"	150 磅
特殊超标准尺寸⑥	>108"	N/A	N/A	>165"	>150 磅

单个包装单位的商品满足以下所有要求的为标准尺寸，只要有一个条件不满足的就是超大尺寸：重量≤20 磅，最长边≤18"，中长边≤14"，最短边≤8"。

超标准尺寸里的“长边+底面周长”是以最长边为高，另两边组成的平面底面。

另外，FBA 中常见计量单位换算：

1"（inch，英寸）= 2.54 厘米，1 lb（磅）= 0.453 6 千克，1 oz（盎司）= 28.35 克

1 ft^3（立方英尺）= 28.32 dm^3（立方分米）= 0.028 316 8 m^3（立方米）

1 m^3（立方米）= 35.314 724 8 ft^3（立方英尺）

为了确定正确的标准划分，符合标准尺寸商品使用商品重量归类（重量超过 1 磅的标准尺寸非媒介类商品除外）；对于小号③、中号④和大号⑤大件商品，以及重量超过 1 磅的标准尺寸①②非媒介类商品，应使用商品重量或体积重量[体积重量等于商品体积（长 × 宽 × 高以英寸为单位）除以 166]中的较大者。

注意：这些计算仅适用于确定相应分段的情况，如果要计算首重和续重费，则必须使用出库配送重量。

（4）按照计算表 3-21 出库配送重量表可知，标准尺寸非媒质类商品大于 1 磅是商品重

量或体积重量较大者［2.5（磅）>1.38（磅）］基础上加 0.25 磅包装，所以，出库重量=2.5+0.25=2.75（磅），向上取整到最接近的磅数为 3 磅。

表 3-21 出库配送重量表

商品尺寸分段和类别	包装重量	出库配送重量
标准尺寸媒介类商品	2 盎司（0.125 磅）	商品重量[①]+包装重量[②] 向上取整到最接近的磅数
标准尺寸非媒介类商品（1 磅或更低）	4 盎司（0.25 磅）	商品重量+包装重量 向上取整到最接近的磅数
标准尺寸非媒介类商品（大于 1 磅）	4 盎司（0.25 磅）	（商品重量或体积重量[③]中的较大者）+包装重量 向上取整到最接近的磅数
小号、中号和大号大件	16 盎司（1.00 磅）	（商品重量或体积重量中的较大者）+包装重量 向上取整到最接近的磅数
特殊大件	16 盎司（1.00 磅）	商品重量+包装重量 向上取整到最接近的磅数

注意：用来计算费用的商品重量、尺寸和其他测量数值由亚马逊决定，根据不同包装可能有变化。体积可能根据包装类型的不同而有所变化。

（5）使用出库重量和按照大标准尺寸规格计算费用：

该商品重量为 2.5 磅并且执行费时间在 1—9 月，所以根据表 3-22 亚马逊物流配送费用标准，该商品为标准件里的“大号标准尺寸（超过 2 磅）”。

该选项要求：4.18 美元+（超出首重 2 磅的部分）×0.39 美元/磅。

因此 FBA 执行费用为：4.18 美元+（3–2）×0.39 美元/磅= 4.57 美元。

表 3-22 亚马逊物流配送费用标准

标准尺寸非媒介类商品（按件收取）				
	小号标准尺寸（不超过 1 磅）	大号标准尺寸（不超过 1 磅）	大号标准尺寸（1~2 磅）	大号标准尺寸（超过 2 磅）
1—9 月	2.41 美元	2.99 美元	4.18 美元	4.18 美元+（超出首重 2 磅的部分）×0.39 美元/磅
10—12 月	$ 2.39 美元	2.88 美元	3.96 美元	3.96 美元+（超出首重 2 磅的部分）×0.35 美元/磅

① 商品重量是指单个商品的重量。
② 包装重量是指包装箱和包装材料的重量。亚马逊使用这些标准化重量值，计算出库配送重量。
③ 体积重量等于商品体积（长×宽×高，以英寸为单位）除以 166。对于重量超过 1 磅的大号标准尺寸非媒介类商品以及所有的小号、中号和大号超大尺寸商品，如果体积重量大于商品重量，我们使用体积重量。

续表

标准尺寸媒介类商品（按件收取）				
	小号标准尺寸（不超过 1 磅）	大号标准尺寸（不超过 1 磅）	大号标准尺寸（1~2 磅）	大号标准尺寸（超过 2 磅）
1—9 月	2.41 美元	2.99 美元	4.18 美元	4.18 美元+（超出首重 2 磅的部分）×0.39 美元/磅
10—12 月	2.39 美元	2.88 美元	3.96 美元	3.96 美元+（超出首重 2 磅的部分）×0.35 美元/磅
大件配送费用（按件收取）				
	小号大件	中号大件	大号大件	特殊大件
1—9 月	6.85 美元+（超出首重 2 磅的部分）×0.39 美元/磅	9.20 美元+（超出首重 2 磅的部分）×0.39 美元/磅	75.06 美元+（超出首重 90 磅的部分）×0.80 美元/磅	138.08 美元+（超出首重 90 磅的部分）×0.92 美元/磅
10—12 月	6.69 美元+（超出首重 2 磅的部分）×0.35 美元/磅	8.73 美元+（超出首重 2 磅的部分）×0.35 美元/磅	69.50 美元+（超出首重 90 磅的部分）×0.76 美元/磅	131.44 美元+（超出首重 90 磅的部分）×美元 0.88/磅

注：实际梳理重量是基于出库装运的实际重量。Amazon 在产品出库的时候会加上一些包装保护材料和纸箱等，因此产品的出库配送重量并不等于产品入库时的重量。

计算出库配送重量，得出首重和续重费。

① 标准尺寸（除重量超过 1 磅的大号标准尺寸非媒介类商品之外）和特殊超大尺寸。

每件商品均需计算出库配送重量，计算方式为包装重量加上商品重量。每件商品的总重量数值要四舍五入到最接近的磅数。然后，根据以上列出的数值，出库配送重量可以用来计算首重和续重费。

② 大号标准尺寸（非媒介类商品重量大于 1 磅），小号超大尺寸、中号超大尺寸和大号超大尺寸。

每件商品均需计算出库配送重量，计算方式是包装重量加上商品重量或体积重量，取商品重量或体积重量的较大值。每件商品的总重量数值向上取整数值（例如 2.1 磅取整数为 3 磅）。然后，根据以上列出的数值，出库配送重量可以用来计算首重和续重费。

（6）1—9 月月仓储费。

根据表 3-23 所示的月度库存仓储费了解到，自 2017 年 10 月 1 日起 1—9 月标准尺寸每立方英尺 0.64 美元。

从而可以计算 1—9 月的月仓储费。

表 3-23　月度库存仓储费

2017 年 10 月 1 日之前		
	标准尺寸	大　　件
1—10 月	每立方英尺 0.54 美元	每立方英尺 0.43 美元
11—12 月	每立方英尺 2.25 美元	每立方英尺 1.15 美元
自 2017 年 10 月 1 日起		
	标准尺寸	大　　件
1—9 月	每立方英尺 0.64 美元	每立方英尺 0.43 美元
10—12 月	每立方英尺 2.35 美元	每立方英尺 1.15 美元

习题演练

一、计算题

1．计算玩具小屋的 1—9 月 FBA 执行费和 1—9 月的每月月仓库费（相关数据参见表 3-20、表 3-21、表 3-22 和表 3-23）。

尺寸：51.6"×35.6"×19.0"

围度+长度：166.8"（周长+长度）

商品重量：53.5 磅

2．一吊床的包装尺寸是 63.0"×11.6"×6.3"，围度+长度：98.8"，商品重量：46.6 磅，

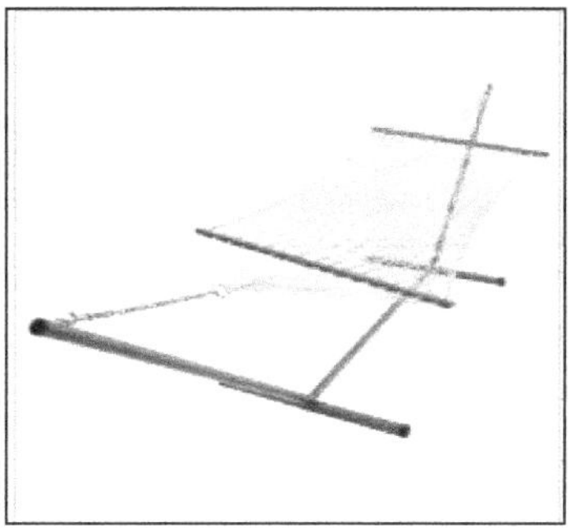

请分别计算FBA的执行费和月仓储费（按照1—9月标准费）相关数据参见前表3-20、表3-21、表3-22和表3-23。

实践演练

实践任务一： FBA后台发货操作

FBA发货操作具体有以下8个步骤。

步骤1 亚马逊配送转换

主页点击“库存”——选择需要转的SKU——选择“转换为亚马逊配送”，如图3-14所示。

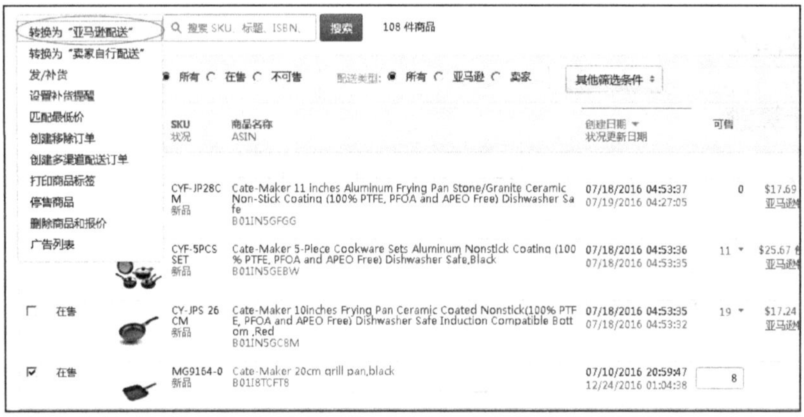

图3-14　亚马逊配送转换

步骤2 barcode类型选择

选择“Amazon barcode”，点击“转化并发送库存”，如图3-15所示。

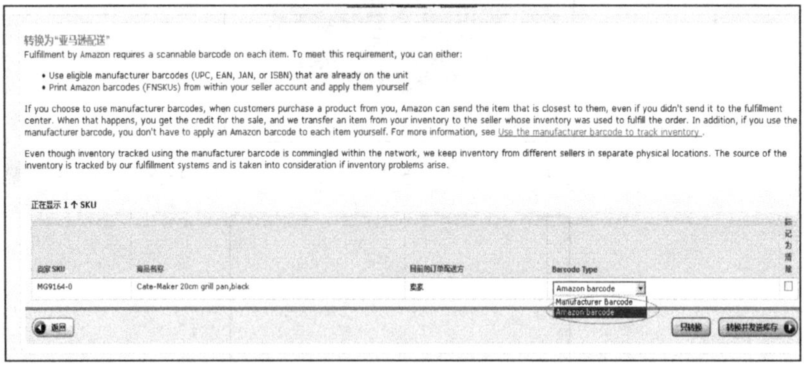

图3-15　barcode类型选择

步骤3 发补货

首先，新建入库计划或者添加至现有入库计划；其次，设置发货地址（发货地址可以是默认地址或者新建地址）；再次，选择“包装类型”；最后，点击“继续处理入库计划”，如图 3-16 所示。包装类型主要有如下两种。

（1）混装发货：一个运输箱里有多个不同的 SKU，如图 3-16 所示。

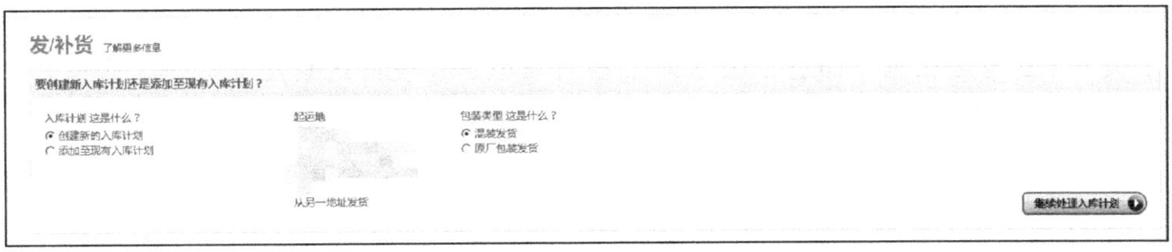

图 3-16　亚马逊平台发/补货

（2）原厂包装发货：每箱只有相同的 SKU，每箱包含 unit 数相同，如图 3-17 所示。

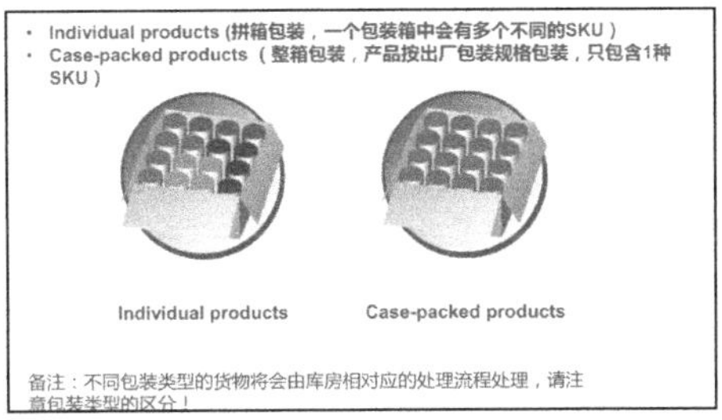

图 3-17　亚马逊平台混装发货

步骤 4　设置数量

检查是否有其他信息需要填写及是否有 SKU 是亚马逊禁售的。如果要添加其他商品，可以在右上角点击“添加商品”，在该页面左下方可以删除现有计划和复制过去创建的计划，如图 3-18 所示。“设置数量”操作完成后，点击“继续”进入下一步。

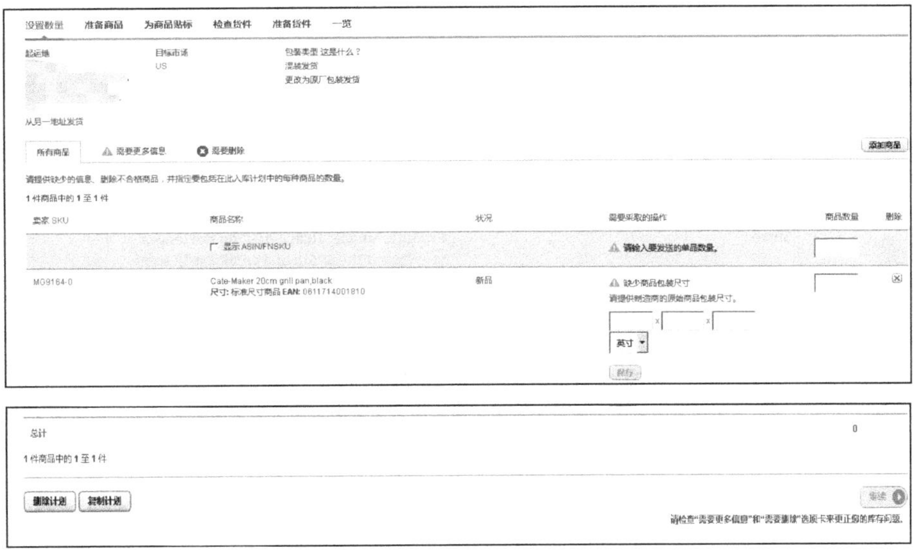

图 3-18　亚马逊平台设置数量界面

步骤 5 准备商品

需要准备：是否有需要预处理的产品。

可能需要准备：你的产品可能需要预处理。

预处理：亚马逊根据产品特性要求对某些商品增加包装而达到发货给顾客的包装要求，如半开放的包装需要外加透明胶袋包装。

通过页面下方预处理准备向导，如图 3-19 所示，判断是否需要做预处理，选择谁做预处理（亚马逊操作会收取操作费用）。

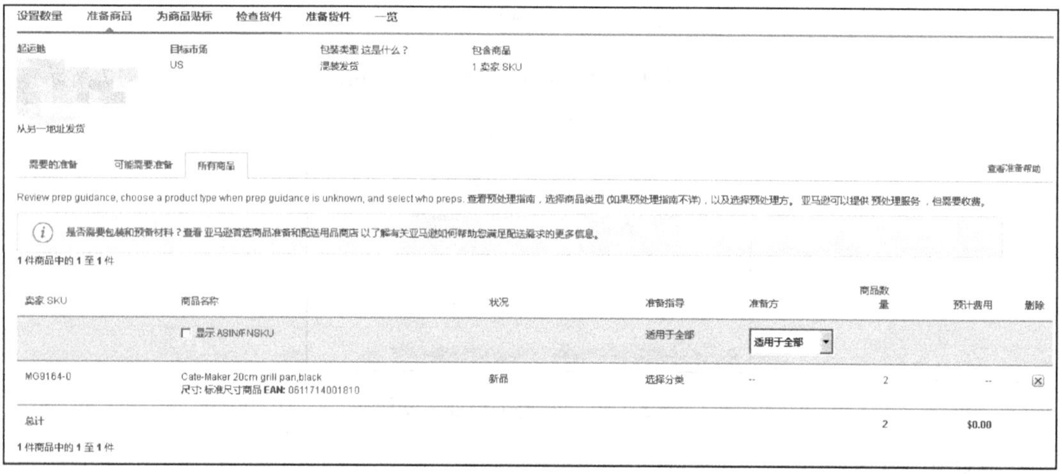

图 3-19 亚马逊平台准备商品界面

注：什么类型的产品需要预处理（见图 3-20）。

Prep Category	Description and Examples
Fragile	Products that can break or shatter: glass, china, picture frames, etc.
Liquids	Products that are liquid or gel: liquid soap, spray bottles, lotions, etc.
Textiles	Products made of cloth or fabric: Apparel, Blankets, Linens, etc.
Plush/Baby	A plush toy or a product for children under 3: teddy bears, pacifiers, baby bottles, etc.
Sharp	Product is sharp or has sharp edges: knives, scissors, tools, etc.
Small	Products smaller than 2-1/8" on the longest side (about the width of a credit card): some jewelry, key chains, flash drives, etc.
Adult	Products that display potentially offensive material: explicit magazines and movies, etc.

图 3-20 亚马逊平台预处理产品界面

注：如何做预处理（见图 3-21）。

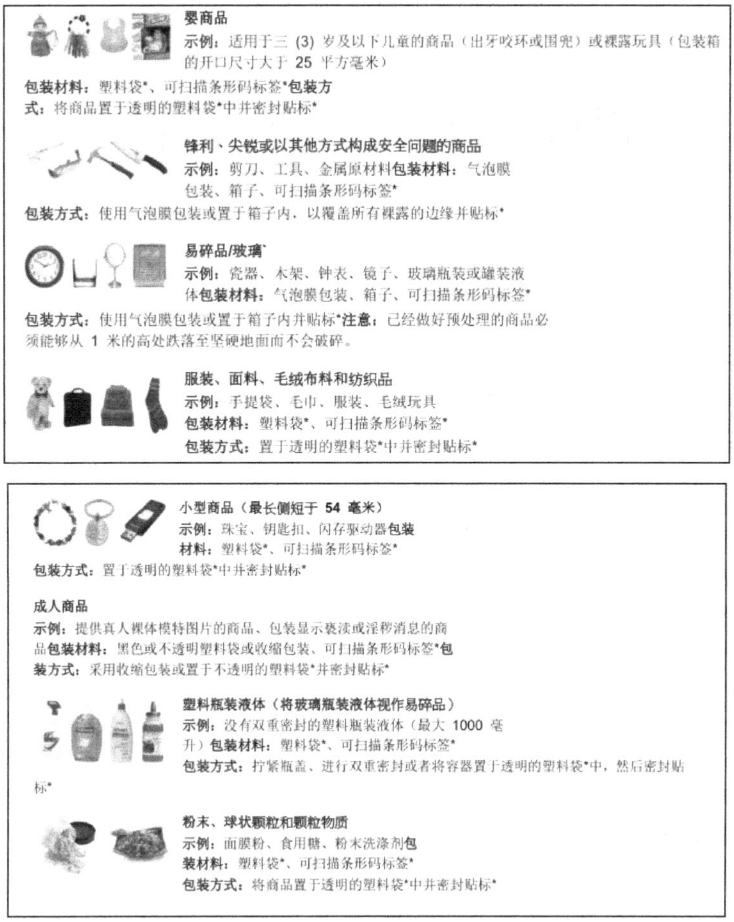

图 3-21 亚马逊平台预处理商品页面

步骤 6 打印产品标签（见图 3-22）

图 3-22 亚马逊平台产品标签打印界面

注 1：亚马逊称产品标签为 FNSKU，如图 3-23 所示。

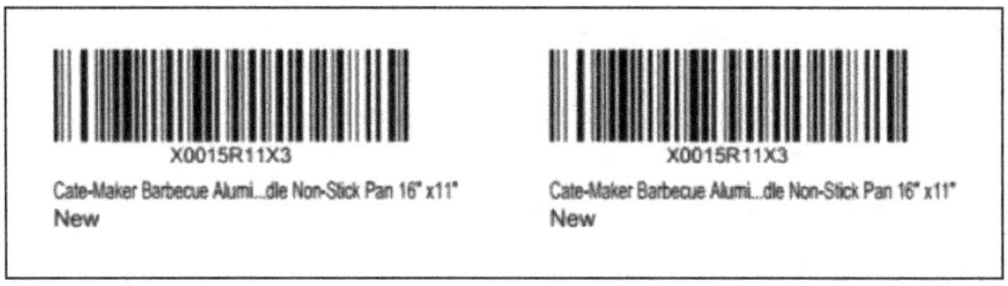

图 3-23　产品标签（FNSKU）

注 2：标签打印规格

21-up labels 63.5 mm×38.1 mm on A4

24-up labels 63.5 mm×33.9 mm on A4

24-up labels 64.6 mm×33.8 mm on A4

24-up labels 66.0 mm×33.9 mm on A4

24-up labels 66.0 mm×35.0 mm on A4

24-up labels 70.0 mm×36.0 mm on A4

24-up labels 70.0 mm×37.0 mm on A4

27-up labels 63.5 mm×29.6 mm on A4

30-up labels 1"; ×2-5/8"; on US Letter

40-up labels 52.5 mm×29.7 mm on A4

44-up labels 48.5 mm×25.4 mm on A4

（1）标签颜色：背景白色。

（2）标签纸材质：可撕除的不干胶贴纸。

（3）打印标签注意事项，主要有以下两个方面。

① 打印标签 。要打印高质量的条形码，须确保：

A．使用热转印或激光打印机；

B．使用合适的打印机标签纸；

C．使用分辨率至少为 300 DPI 的打印机；

D．如有需要，请检测、清洗和更换打印机打印头；

E．定期测试打印的条形码的可扫描性。

② 标签位置。当准备好将条形码粘贴到商品上时，须确保：

A．在每件商品上粘贴正确的条形码；

B．覆盖其他所有可见的条形码（序列号条形码除外）；

C．将条形码粘贴在所有准备材料的外侧；

D．不要将条形码粘贴在包装的弯曲部位或角落；

E．包装箱中的每件商品都有亚马逊条形码，且箱子上的所有条形码均已去除。

步骤 7　分仓库

这一步可以创建新的发货计划，也可以添加到现有相同目的地库房的发货计划。接下来，可以再次检查货件中的商品，点击“确认货件”后，发货计划正式创建（见图 3-24）。

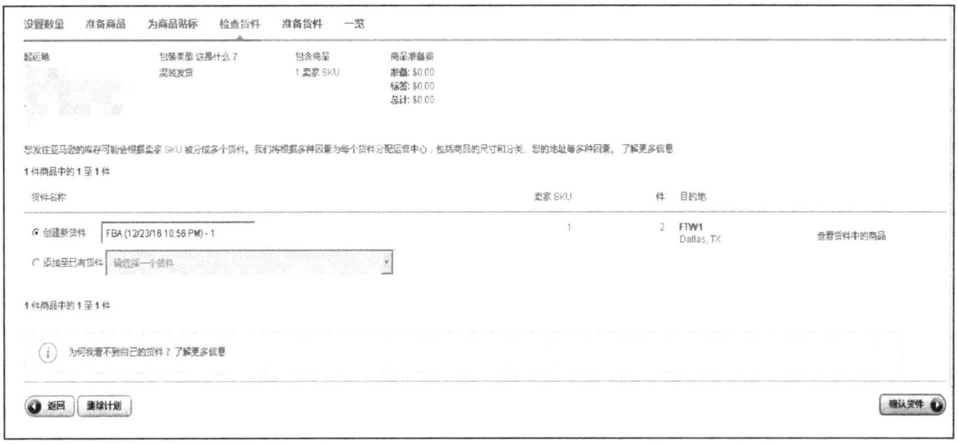

图 3-24　亚马逊平台新建发货计划页面

步骤 8　准备货件

（1）对发货数量做微调，即允许在货件中商品原始数量（最多 6 件）高于或低于至多 5%的阈值内进行更改。

（2）选择入库方式。入库运送方式有两种：小包裹形式和汽车零担发货。具体方式与发货物流需沟通确认后选择（见图 3-25）。

图 3-25　亚马逊平台入库方式选择界面

① 小包裹配送（SPD）是单独箱子包装的商品，配送箱单独贴标配送。

② 零担货运/货车荷载（LTL/FTL）是货件结合托盘配送的单独箱子。货车上可能还装有运往其他目的地的货件。

③ 设置箱子信息。

设置箱子信息有三种选择方式，如图 3-26 所示：所有商品装于一个箱子；每箱一个 SKU；每箱不止一个 SKU。

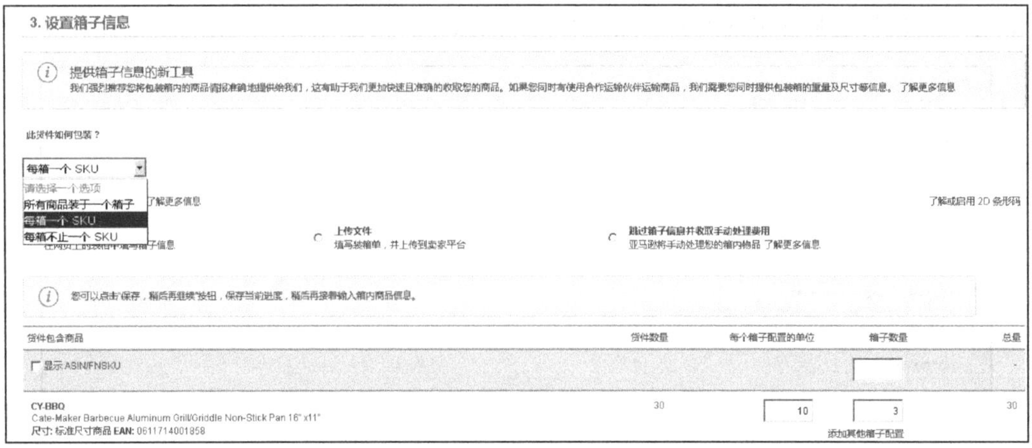

图 3-26　亚马逊平台箱子信息选择界面

④ 打印包装箱标签和托帕标签（操作界面见图 3-27，标签见图 3-28，其中图 3-28 左图为包装箱标签图，右图为托帕标签）。

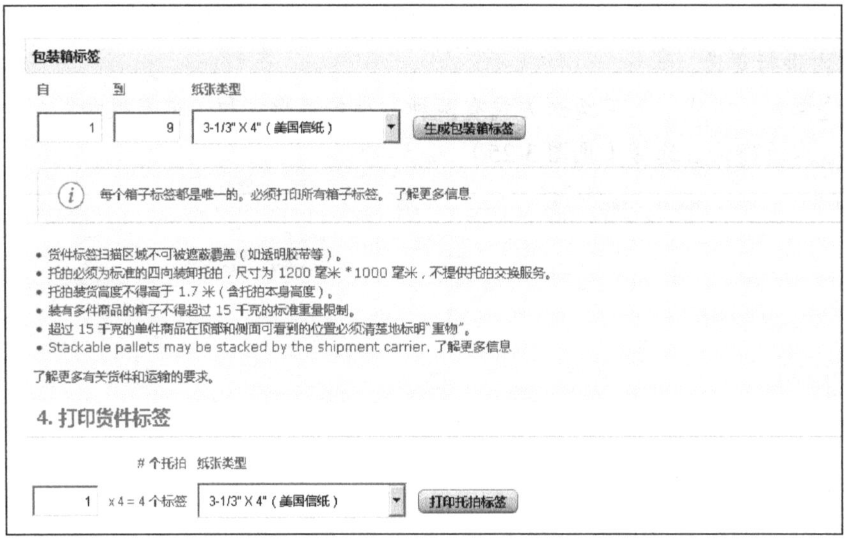

图 3-27　亚马逊平台打印包装箱标签和托帕标签操作界面

图 3-28　包装箱标签和托帕标签

步骤 9 填写物流追踪单号

首先，填写物流追踪单号（见图 3-29）；然后，检测发货计划商品清单。当亚马逊确认收货数量与发货数量不符时，可以在“货件差异查询”中联系亚马逊调查（见图 3-30）。

图 3-29 亚马逊平台物流追踪单号填写界面

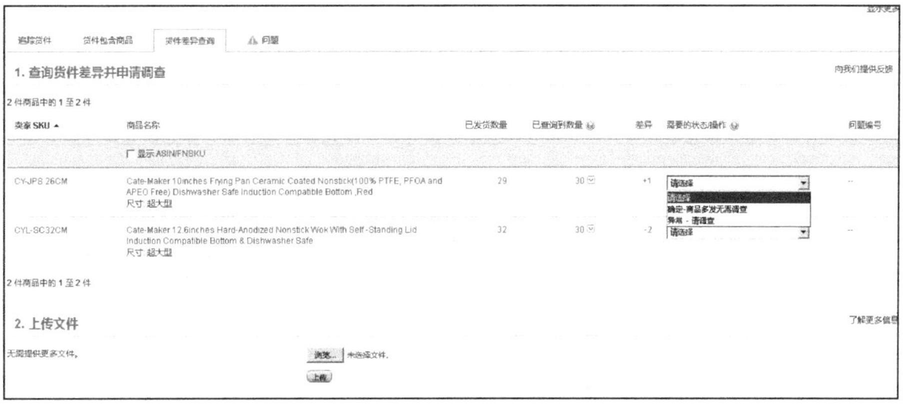

图 3-30 亚马逊平台“货件差异查询”界面

实践任务二：FBA 仓库合并服务操作

FBA 仓库合并服务开启的操作主要有如下 3 个步骤。

步骤 1 进入“页面设置”页面，在右上角“设置”下点击“亚马逊物流”（见图 3-31）

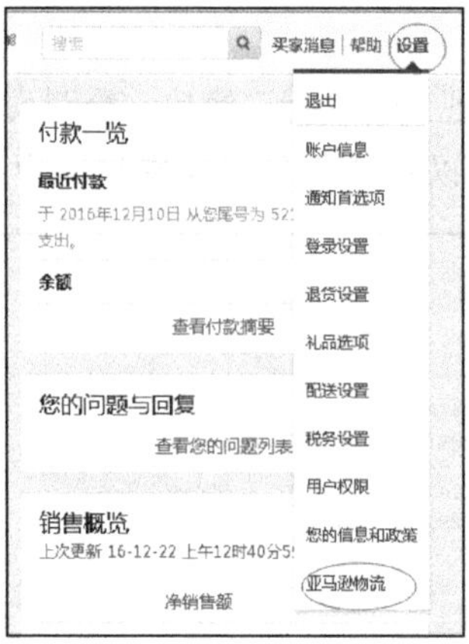

图 3-31 FBA 仓库合并服务开启操作界面

步骤 2 在入库设置项页面进行编辑（见图 3-32）

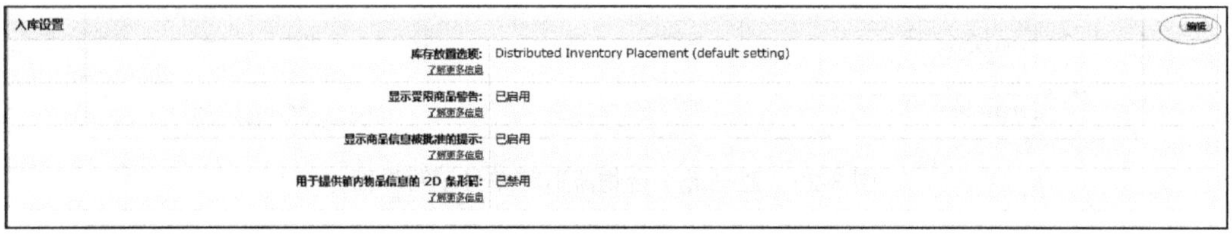

图 3-32 亚马逊平台入库设置界面

步骤 3 选择“库存放置服务”，点击“更新”完成（见图 3-33）

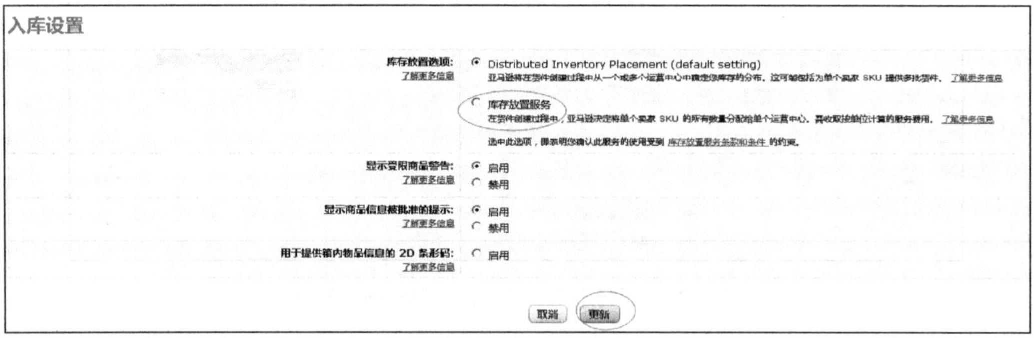

图 3-33 亚马逊平台库存放置服务操作界面

参考文献

[1] 陈勇. 中美贸易战背景下跨境电商出口的对策研究[J]. 邯郸职业技术学院学报,2018(3).
[2] 孙学农, 杨明. 基于 AHP 的跨境电子商务物流模式研究[J]. 中国市场，2019(3).
[3] 李霞. 跨境电商背景下中小企业的核心竞争力研究[J]. 商业经济研究，2018(10).
[4] 钱慧敏, 何江. 基于扎根理论模型的跨境电商与跨境物流协同影响因素分析[J]. 产经评论，2017(6).
[5] 王娟娟, 郑浩然. “一带一路”区域通关一体化建设问题研究——基于跨境电商视角的分析[J]. 北京工商大学学报（社会科学版），2017(4).
[6] 马述忠, 陈奥杰. 跨境电商：B2B 抑或 B2C——基于销售渠道视角[J]. 国际贸易问题，2017(3).
[7] 张夏恒. 跨境电商类型与运作模式[J]. 中国流通经济，2017(1).
[8] 李淑芳. 基于真实网络评价的我国知名电商企业创新能力研究[J]. 经贸实践，2016(14).
[9] 刘有升, 陈笃彬. 基于复合系统协同度模型的跨境电商与现代物流协同评价分析[J]. 中国流通经济，2016(5).
[10] 王笑然, 张诚. 基于投影寻踪模型的铁路货运第三方物流供应商选择研究[J]. 物流技术，2013(19).
[11] 孙博, 王超. 我国跨境物流模式分析及优化[J]. 商业经济研究，2019(10).
[12] 张玉婷, 杨镜融. “互联网+”背景下农村电商物流模式探讨[J]. 商场现代化，2019(8).
[13] 杜正博. 跨境电商环境下国际物流模式研究[J]. 产业创新研究，2019(2).
[14] 蔡依平, 张梦云. 进口跨境电子商务及其物流模式的选择[J]. 上海电力学院学报，2017(S1).
[15] 李秀玲. 冷鲜产品电商务物流模式探究与发展[J]. 现代商贸工业，2018(1).
[16] 付平德. 基于大数据的智慧物流模式构建[J]. 物流技术，2018(1).
[17] 李润启. 新形势下企业物流模式的选择研究[J]. 黑河学院学报，2018(3).
[18] 张明. 探析跨境电商环境下国际物流模式[J]. 科技创新导报，2018(9).

反侵权盗版声明

举报电话：（010）88254396；（010）88258888
传　　真：（010）88254397
E-mail:　　dbqq@phei.com.cn
通信地址：北京市万寿路 173 信箱
　　　　　电子工业出版社总编办公室
邮　　编：100036